中央高校基本科研业务费专项资金资助项目
Fundamental Research Funds for the Central Universities

共情与合作

吕杰妤 著

首先，本书针对合作行为的相关概念、内涵、研究方法等进行探讨和阐述。其次，探讨为什么需要研究共情与合作行为的关系，它们之间存在的理论关系究竟是什么？最后，介绍实验室对于合作行为开展的一些实证性研究的具体发现，进一步阐述共情对于合作行为的影响以及这二者之间的相互影响机制。

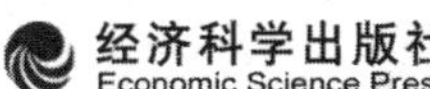
中国财经出版传媒集团
经济科学出版社
Economic Science Press

图书在版编目(CIP)数据

共情与合作/吕杰妤著. —北京：经济科学出版社, 2020.6

ISBN 978-7-5218-1679-2

Ⅰ.①共… Ⅱ.①吕… Ⅲ.①社会心理学-研究 Ⅳ.①C912.6-0

中国版本图书馆 CIP 数据核字(2020) 第 120098 号

责任编辑：王 娟 郭 威
责任校对：隗立娜
责任印制：范 艳

共情与合作

吕杰妤 著

经济科学出版社出版、发行 新华书店经销
社址：北京市海淀区阜成路甲 28 号 邮编：100142
总编部电话：010-88191217 发行部电话：010-88191522
网址：www.esp.com.cn
电子邮件：esp_bj@163.com
天猫网店：经济科学出版社旗舰店
网址：http://jjkxcbs.tmall.com
北京季蜂印刷有限公司印装
710×1000 16 开 9.75 印张 200000 字
2020 年 6 月第 1 版 2020 年 6 月第 1 次印刷
ISBN 978-7-5218-1679-2 定价：39.00 元
（图书出现印装问题，本社负责调换。电话：010-88191510）

导　　读

共情与合作是作为人际互动的最为直接的两种关键的心理概念。共情是一种能力，一种了解社会中的他人、与他人进行互动的根本的能力。而合作行为，是人类之所以可以在大自然中生存下来，形成社会化，所拥有的一种关键的行为，而不是独立存在于大自然，与其他生物体共存的必要条件之一。

自然或社会的资源的有限性，必然导致各个物种之间进行对同一种资源的抢夺。竞争会是一个永恒的话题，于是乎形成各种战争与冲突，各种形式的不同的争斗。然而，和平共处是人类之所以现在还能生存下来的原因，也正因为如此，我才可以坐在国家图书馆的阅览室里，开始着手撰写这本书。因为人类之间的合作，才能使人类的整个集体的利益最大化；人类与其他物种间的合作，才能使整个生态体系的利益最大化，才能使整个地球平衡地运作下来。

人为什么会有共情能力？共情的心理机制是什么？这种共情能力又帮助我们人类实现了怎样的功能？而这种能力，又是怎样对我们人类的各种行为产生怎样的影响？比如说，合作行为。中国是一个集体意识较强的国家，人们对个人的意识关注较少，通常的一种社会规范是，要以集体的利益为上，牺牲个体的利益，这种行为会被认为是一种值得推崇的做法。如果我们对这种集体的概念进行共情，比如向个体具体描述，最近国家出现国库空虚，需要每个公民缴纳更高的税收，公民会缴更高的税吗？这些集体的概念，往往指代的不是个体的利益，而是一种公共利益的象征，是一群人的基本利益。这种做法是有效的吗？

这些问题，都将在本书中涉及。首先，我们会针对合作行为的相关概念、内涵、研究方法等进行探讨和阐述。其次，我们再去探讨，为什么需要研究共情与合作行为的关系，它们之间存在的理论关系究竟是什么？最后，我们会介绍，我们实验室对于合作行为开展的一些实证性研究的具体发现，来进一步阐述共情对于合作行为的影响以及这两者之间的相互影响机制。希望这本书会让心理学专业的同学、研究学者更深入地了解合作研究领域，从而进行更进一步深入的探究。同时也希望给非心理学专业的期待了解合作行为相关内容的同学，带来一定的帮助，为其应用到生活中提供一定的理论指导。学术著作一般在词语措辞时，比较生硬拗口。本书希望以一种相对浅显易懂的表达，让读者更加容易地去了解本书中所呈现的内容。您在阅读本书的过程中，仿佛在与作者进行对话，而这，便是我们期待达到的一个目标。

吕杰妤
2019 年 1 月 24 日
国家图书馆
中国 北京

目　　录

第 1 章　合作行为的概念、内涵及方法论 ······ 1

1.1　引言 ······ 2

1.2　什么是合作？ ······ 3

1.3　合作行为的意义和价值 ······ 3

1.4　合作行为的研究方法 ······ 3

1.5　公共物品问题实验范式及其基本原理 ······ 4

本章参考文献 ······ 7

第 2 章　合作行为的理论及共情与合作行为的理论关系 ······ 9

2.1　人类合作的相关理论 ······ 9

2.2　公共物品问题中的合作动机 ······ 16

2.3　共情—合作关系的相关理论 ······ 18

2.4　本书中实证研究与理论的联系 ······ 19

本章参考文献 ······ 20

第 3 章　共情与合作关系之元分析 ······ 24

3.1　引言 ······ 24

3.2　方法 ······ 25

3.3　结果 ······ 26

3.4　讨论 ······ 38

3.5　结论以及对未来研究的影响 ······ 43

本章参考文献 ······ 44

第 4 章　实证研究 1：情境性共情与特质性共情对合作行为的影响 ······ 49

4.1　引言 ······ 50

4.2　方法 ······ 56

4.3　结果 ······ 60

4.4　讨论 ······ 63

4.5　结论 ······ 64

本章参考文献 ······ 65
第 5 章　实证研究 2：个人价值取向与共情对于合作行为的影响 ······ 70
5.1　引言 ······ 71
5.2　方法 ······ 73
5.3　结果 ······ 75
5.4　讨论 ······ 79
5.5　结论 ······ 80
本章参考文献 ······ 81
第 6 章　实证研究 3：异质群体公共物品问题中的共情合作关系 ······ 84
6.1　引言 ······ 85
6.2　方法 ······ 87
6.3　总结和讨论 ······ 96
6.4　结论 ······ 98
本章参考文献 ······ 99
第 7 章　实证研究 4：共情对双人公共物品问题中的合作行为的影响 ······ 103
7.1　引言 ······ 104
7.2　方法 ······ 105
7.3　结果 ······ 108
7.4　讨论 ······ 111
7.5　结论 ······ 112
本章参考文献 ······ 112
第 8 章　共情与合作关系研究总述 ······ 115
8.1　研究结果总结 ······ 115
8.2　理论方面的思索 ······ 119
8.3　研究方法上的考虑 ······ 120
8.4　启示和未来研究的想法 ······ 124
8.5　结论 ······ 124
本章参考文献 ······ 126
关键字索引 ······ 130
人名索引 ······ 132

附录 …… 133
附录 1　人际反应指数量表 [摘自（Davis, 1983）] …… 133
附录 2　研究 1 预先设计的简介 …… 135
附录 3　研究 1 的问题汇报 …… 136
附录 4　研究 2 的预先提问 …… 137
附录 5　研究 2 的三对价值观故事 …… 138
附录 6　研究 2 的问题汇报 …… 139
附录 7　研究 3 中的实验 3b 的划去数字测验 …… 140
附录 8　研究 4 的任务前数学计算测验 …… 141
附录 9　研究 4 中高共情条件下（无共情条件下）后面的问题 …… 142
附录 10　研究 4 的总结问题 …… 143
附录 11　研究招募的海报 …… 143
附录 12　研究被试的知情同意书 …… 144
后记 …… 145

第 1 章　合作行为的概念、内涵及方法论

关键词

- 合作（cooperation）
- 亲社会行为（prosocial behavior）
- 亲社会性（prosociality）
- 助人行为（helping behavior）
- 社会困境（social dilemma）
- 公共物品博弈（public goods game）
- 共同资源困境（common resource dilemma）
- 囚徒困境（prisoner's dilemma）
- 线性公共物品博弈（linear public goods game）
- 分层公共物品博弈（step-level public goods game）

本章导读

在书中的第 1 章，我们会进行相关基本概念、内涵及方法论的介绍。合作行为？什么是合作行为？它在现实生活中的一般表现又有哪些呢？我们常常在身边会看到一些告示，然后最后加上一句，“谢谢您的合作！”。而这些一般都是一些行为举止规范，然后要求个体行为的遵从。这是一种类别，也是类属于合作行为的一种类别。对规则的遵从，是一种合作行为，因为在这种行为遵从的背后，个体牺牲了自己的个人利益，比如吸烟的自由等，而选择了遵从这种规则。这个规则往往是指在某种特定情境下的大多数人的利益，比如上海市要求市民在公众场所不能吸烟。遵从这些规则就表明了个体牺牲了自己吸烟的自由而选择了大众的利益，更贴切一些讲应该是集体的利益，为了集体利益而牺牲自己个人的利益，这种行为，我们称之为合作行为。相似的例子还有个人或企业的纳税行为、税收遵从、器官捐赠、投票选举、遵守法律等行为。

在本章中，将简单地介绍合作行为的基本定义、内涵以及其研究方法。本章的重点在于介绍研究方法中的社会困境中的公共物品问题，以及阐述为何后续实证研究中采用公共物品范式的理由以及基本原理。通过对这一章的阅读，可以帮助读者了解一些基本的概念性的知识点，以便进一步学习。

1.1 引　言

无论是在心理学理论中还是在人们对术语的共同理解中，共情与合作常常被认为是相互关联的（Prot et al., 2014）。关于共情和合作之间是否存在联系的概念性思考已经延续了几个世纪，至少可以追溯到 18 世纪亚当·斯密（A. Smith, 1759）的著作《道德情操论》（*The Theory of Moral Sentiments*），其提出的观点是，共情在维持社会和平与解决社会冲突方面具有关键作用。然而，这个强有力的假设是否有实证基础呢？共情和亲社会行为，尤其是合作行为之间的联系究竟有多可靠？共情对合作行为是否如之前主要思想家所认为的那样至关重要，是本书的核心兴趣和驱动力。本书对人类互动的两个基本概念——“共情”和“合作”进行了探索，并发掘它们之间关联的本质。

本书通过一系列的实证研究，旨在揭示共情—合作之间联系的可靠程度。关于共情和亲社会行为的研究很多，但本书的起点是方法论，因此在得出确切理论结论的方面还有很多可以改进的地方。因此，第 1 章简单地介绍了一下合作行为的概念、内涵及研究方法论。并将共情和合作以及文献中所提出的不同的可能联系付诸实施并进行了操作化的定义。第 2 章讨论了当前有关共情—合作关系的理论，以及共情的定义问题。如何定义共情对理论和实证实践有质的影响。在这些理论的推动下，我们设计并开展了几项新的研究，旨在探索共情与合作之间的关系，同时引入个体价值观和地位等其他变量探讨其与共情共同对合作行为的作用。第 3 章通过系统性综述和元分析方法，呈现了一份基于实证的系统性综述，以批判性的观点看待研究共情与合作之间关系的方法论途径，并为本书的实证工作提供了背景。接下来的几个章节描述了我们开展的四项实证研究，依次在第 4、第 5、第 6、第 7 章呈现。研究 1（见第 4 章）使用公共物品问题（public goods game）来重复一个引用度很高的、常用于支持关于正性的共情—合作关系的研究。研究 2（见第 5 章）进一步探讨了共情—合作的关系，以及个人价值观作为支持合作行为的信息信号的影响。研究 3（见第 6 章）考察了与同质群体环境相比，通过操纵在公共物品问题中初始禀赋以及参与者地位的来源（运气或努力），共情在多大程度上能够用于支持异质群体中的合作。研究 4（见第 7 章）在一定程度上是对研究 3 的复制，但由于使用了双人公共物品问题版本，从而得出了与先前实验结果模式的可识别差异结论。第 8 章总结了研究结果，讨论了关于方法学的考虑，并反思了建立在共情—合作关系基础上的当前理论的含义。

1.2　什么是合作?

合作行为的一个简单的定义是个体为了他人获益而牺牲自己的利益（Rand and Nowak, 2013）。针对合作行为的定义，由于研究学者来自不同学科背景，出现了有所差异的现象。关于合作行为的定义，更翔实的介绍请参见第 3.4.2 节“合作的定义”。

1.3　合作行为的意义和价值

合作行为是组成整个社会以及国家可持续性发展的基础。“合作行为的进化机理”是在《科学》杂志上公布的重大未来基础科学研究需要解决的 25 个问题之一（Pennisi, 2005）。合作行为普通存在于人类社会，是人类社会进化的最大成功。人类社会中不管是基于亲缘关系还是非亲缘关系，个体或者群体成员之间均存在着合作行为。人类社会也正是由于这种合作行为的产生，才得以建立和存续。

从国际形势出发，如果没有合作行为的存在，世界的和平便无从存在。根据美国的历史人口估计报告可知，第一次世界大战和第二次世界大战是国家与国家之间冲突后产生的结果，这个国际之间的冲突导致了“一战”时超过 4100 万人以及“二战”时超过 6000 万人失去生命。在 21 世纪，战争、种族冲突和恐怖袭击是现代生活中依然存在的现实问题。而这一现象似乎依旧在加剧。从国内形势出发，合作行为在维系国内和平稳定中发挥着关键且不可或缺的作用。

1.4　合作行为的研究方法

合作行为的定义为人们选择牺牲个体利益而成全集体利益的一种贡献行为（Irwin, McGrimmon and Simpson, 2008）。根据合作行为的定义，社会心理学家们研究合作行为最常用的研究范式包括定性研究方法与定量研究方法。其中定量研究方法包括问卷调查法、实验法、认知神经科学，以及生理学指标等方法。定量研究方法主要是用来测量合作行为这一概念的量化指标，即用什么样的数据可以替代概念上的合作行为。具体的常见研究范式中最经典的研究方法为：社会困境问题（social dilemma）（Dawes, 1980）。社会两难问题存在着两个基本的属性：(1) 不管社会中其他个体的决策内容，个体的利益最大化决策是选择背叛；(2) 当所有人选择合作时，共同的利益最大化（Dawes, 1980）。常见的社会困境问题包括了囚徒困境（prisoner’s dilemma）、公共物品问题（public goods game）以及共同资源困境

(common resource dilemma)。这一经典的研究方法是关注在某种特定情境中的合作决策或合作行为。

同时，社会心理学家们也关注一些合作特质，如是否存在一些特定的群体更具备着某种特定的合作特质呢？测量合作特质的一些常用研究方法包括社会价值取向（Van Lange and Kuhlman, 1994）、Cloninger 的气质性格量表中的社会合作分量表（Cloninger, Przybeck and Svrakic, 1994）和组织公民行为（C. A. Smith, Organ and Near, 1983）等。

在本书中，由于后面的实证研究均采用了公共物品问题的实验研究范式，因此，将会着重介绍该实验范式及其基本原理，以供更好地理解下列实证性研究。

1.5 公共物品问题实验范式及其基本原理

在接下来的第 3 章的文献综述中，将为阐述相关定义提供基于证据的分析。结论表明，研究中所使用的实验范式在确定要解决的研究问题和操作性定义中起着关键作用。正如第 3 章中所讨论的问题的结论以及根据其他文献综述工作（Eisenberg and Miller, 1987）发现，早期研究结果的不一致是由于实验工具的多样性，以及对共情和合作概念给出了各种不同解释。因此，为了能与早期研究进行更好、更清晰的比较，本书中的系列研究均采用经典经济学的实验范式——线性公共物品问题。公共物品问题起源于博弈论，选择这一实验范式是因为它不仅符合所有社会困境的属性特征，而且它还提供了在群体设置中的合作行为的精确方法。社会困境包括两个关键特征：(1) 在任何一个决策点，相较于做出合作选择，个体做出利己选择会获得更高的回报（不管对方做什么样的决策）；(2) 如果每个人都做出利己选择，那么每个参与的个体所获得的回报比每个人都做出合作选择时所获得回报更低（Dawes, 1980）。与另一个被广泛研究的经济实验任务——囚徒困境不同的是，公共物品问题能帮助研究者探索群体内部的合作行为，并提供群体内的连续反应，而不只是二元选择。虽然这两种实验范式是相互独立的，但研究者认为它们在一定程度上是相互关联的。囚徒困境被认为是公共物品问题的一个特例，其中两个玩家要做出二元选择：不贡献（如背叛）或贡献全部（如合作）（Fehr and Fischbacher, 2004）。在囚徒困境中，如果玩家选择背叛，那么无论对手选择什么，他的境况都会是更好的一方。然而，有学者则在公共物品问题中强调，集体理性的选择是在每一回合中每个玩家都贡献自己的一切（如充分合作）。这是因为如果所有的玩家都选择背叛（每一回合中都保留自己的筹码），他们最终获得的也仅是最开始所保留的。然而，如果所有玩家在每一回合都选择合作（贡献他们的所有），他们最后的总收益会显著高于每一回合投入。这两种社会困境之间的关联为选择公共物品问题作为实验范式提供了有效的理由。选择公共物品问题作为本研究实验范式的最后一个原因是它可以进行广泛的调查。由于这些实际应用，公共物品问题不仅在心理学，还在其他学科，如社会学、生物学和经济学（Komorita and Parks, 1995）内有所应用。因此，在本书的系列研究中采用公共物品问题也为该实验范式提供了多学科应用的机会。综上所述，强大的数学基础、具有代表性的典型社会困境范式、提供连续反应、跨学科的应用都是本书采用公共物品问题作为实验范式的原因。

在公共物品问题中，个体利益与群体利益是相冲突的。1919 年，经济学家首次对此进行了调查（Lindahl, 1919），虽然这一问题在过去几十年里也受到了许多上述提及的学科的关注（Fehr and Gachter, 2000; Fischbacher and Gachter, 2010; Kroll, Cherry and Shogren, 2007; Ledyard, 1994; Rapoport and Suleiman, 1993）。经济学家（Samuelson, 1954）对这一问题进行猜想，随后对公共物品问题展开了详细讨论（Ledyard and Roberts, 1974），包括描述典型实验，探索公共物品问题的基本问题和确定增加合作行为的影响因素。经济学家对这一问题的初步讨论激发政治学家开始关注这个集体行动问题，随后是社会学家（Marwell and Schmitt, 1975）。在社会心理学家（Dawes, 1980）于心理学年鉴中发表了社会困境的综述后，心理学家们也加入了讨论。由于公共物品问题在现实生活中的直接应用性强，有助于解决社会问题和指导政策制定，因此引起了研究者的关注。在“日常”环境中有很多使用公共物品问题范式的例子，包括纳税（Uler, 2011）、选举（Kroll et al., 2007）以及保持国家公共电台的播出（Attari, Krantz, & Weber, 2014）。公共物品问题所面临的最大挑战是“搭便车”。“搭便车”是指那些总是什么都不贡献或贡献低于其他成员均值的个体（Andreoni, 1988），这会导致公共物品不生产或生产不足。

为满足不同研究人员的需要，公共物品问题产生了许多变式并被采用。至今为止，合作行为的研究通常采用线性（连续）（Fehr & Gachter, 2000; Ledyard, 1994; Zelmer, 2003）或离散（分层）（De Cremer, 2007; Rapoport & Suleiman, 1993）的公共物品问题的版本。在线性公共物品问题中，公共物品价值的变化直接取决于所有成员贡献的总数；然而在分层公共物品问题中，存在一个阈限值，使提供的公共物品为全或无的方式，只有总的贡献量超过了这个阈限值，这个公共物品才会存在（Komorita & Parks, 1995）。正如有些学者（Abele, Stasser & Chartier 2010）指出的分层公共物品问题测量协调，而线性公共物品问题测量合作，因此本书采用线性公共物品问题而非分层公共物品问题。

在典型的线性公共物品问题中，如图 1.1 所示，玩家在每 10 回合中都拥有 20 个筹码，他们必须选择在每一回合中贡献 0~20 个筹码。在每个参与者做出决策后，小组的总额将会因乘以某一数字而成倍增加，随后所有的筹码都会被平均分配，无论玩家最初的贡献是多少。数学方程式如式（1.1）所示。

$$\pi_i = y - g_i + a\sum_{i=1}^{n} g_i \qquad 0 \leqslant a \leqslant 1 \tag{1.1}$$

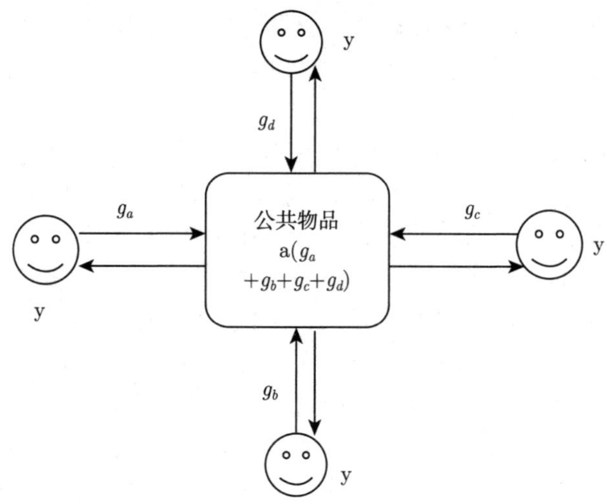

图 1.1 公共物品问题

式（1.1）中的 π_i 是参与者的第 i 回合的货币收益，α 是贡献到公共物品中的人均边界收益，g_i 是玩家对集体的贡献值。每一回合每组 n 个参与者都会获得 y 个筹码。参与者可以选择自己继续持有这些筹码或投资 g_i 个筹码（$0 \leqslant g_i \leqslant y$）给集体。关于投入 g_i 个筹码的决定需要参与者们同时做出。本书将参与者分为 4 人一组或 2 人一组，共进行 10 回合；α 等同于贡献值乘以的系数以及除以的玩家数量。线性公共物品问题的单次博弈和多次博弈的合理性是不同的。

公共物品问题中合作的操作性定义是群体成员共同投入的数额（g_i）。而单次公共物品问题仅存在一个纳什均衡，即贡献为 0（$g_i = 0$），是一种利己的主导策略（Abele et al., 2010）。根据已有实证研究（Ledyard, 1994）可知，在线性公共物品问题的一次博弈或多次博弈的第一回合中，大多数参与者通常会贡献出 40%~60% 的禀赋。然而，在重复线性公共物品问题的最优策略上仍然不明确且存在争议。在多次重复博弈中，一些参与者的行为可能近似于与同一个人重复互动所变现出的“一报还一报”策略（Nowak, 2006），这是一种模仿对手在上一回合所采取的行动，并与之匹配的策略。标准的“一报还一报”策略通常被定义或用来解释具有二元反应（合作或背叛）的重复双人博弈。在本书中，公共物品问题的匹配策略是“广义的一报还一报”策略，也就是说，主要被观察到的行为模式是人们多采用跟踪他人行为的简单策略。换句话说，参与者采用所谓的“黄金法则”——“己所不欲，勿施于人”。然而，这就是整个故事吗？当然答案并不仅仅如此。在多次博弈版本中，有一些被称为无条件“搭便车”的人，即无论对手做出什么行为，他们始终不会做出任何贡献，并在所有公共物品问题的每一回合中均采用这种策略（Fischbacher, Gachter, & Fehr, 2001）。然而还有一些人被称为无条件合作者，即无论对手做出什么行为，他们始终在每一回合都贡献一切（Nowak & Sigmund, 1993）。

本章参考文献

Abele, S., Stasser, G., & Chartier, C. (2010). Conflict and coordination in the provision of public goods: A conceptual analysis of continuous and step-level games. Personality and Social Psychology Review, 14(4), 385-401. doi: 10.1177/1088868310368535

Andreoni, J. (1988). Why free ride? strategies and learning in public goods experiments. Journal of Public Economics, 37, 291-304.

Attari, S. Z., Krantz, D. H., Weber, E. U. (2014). Reasons for cooperation and defection in real-world social dilemmas. Judgment and Decision Making, 9(4), 316-334.

Cloninger, C. R., Przybeck, T. R., Svrakic, D. M. (1994). The temperament and character inventory (tci): A guide to its development and use. In Center for psychobiology of personality.

Dawes, R. M. (1980). Social dilemmas. Annual Review of Psychology, 31(1), 169-193. doi: 10.1146/annurev.ps.31.020180.001125

De Cremer, D. (2007). Which of leader do i support in step-level public good dilemmas? the roles of level of threshold and trust. Scandinavian Journal of Psychology, 48(1), 51-59. doi: 10.1111/j.1467-9450.2006.00569.x

Eisenberg, N., Miller, P. A. (1987). The relation of empathy to prosocial and related behaviors. Psychological Bulletin, 101(1), 91-119. doi: 10.1037/0033-2909.101.1.91

Fehr, E., Fischbacher, U. (2004). Social norms and human cooperation. Trends in Cognitive Sciences, 8(4), 185-90. doi: 10.1016/j.tics.2004.02.007

Fehr, E., Gachter, S. (2000). Cooperation and punishment in public goods experiments. Institute for Empirical Research in Economics Working Paper, 90(4), 980-994. doi: 10.1257/aer.90.4.980

Fischbacher, U., Gachter, S. (2010). Social preferences, beliefs, and the dynamics of free riding in public goods experiments. The American Economic Review, 100(1), 541-556. doi: 10.1257/aer.100.1.541

Fischbacher, U., Gachter, S., Fehr, E. (2001). Are people conditionally cooperative? evidence from a public goods experiment. Economics Letters, 71(3), 397-404. doi: 10.1016/S0165-1765(01)00394-9

Irwin, K., McGrimmon, T., Simpson, B. (2008). Sympathy and social order. Social Psychology Quarterly, 71(4), 379-397. doi: 10.1177/019027250807100406

Komorita, S. S., Parks, C. D. (1995). Interpersonal relations: Mixed-motive interaction. Annual Review of Psychology, 46(1), 183-207. doi: 10.1146/annurev.ps.46.020195.001151

Kroll, S., Cherry, T. L., Shogren, J. F. (2007). The impact of endowment heterogeneity and origin on contributions in best-shot public good games. Experimental Economics, 10(4), 411-428. doi: 10.1007/s10683-006-9144-y

Ledyard, J. O. (1994). Public goods: A survey of experimental research. Public Economics. Retrieved from https://ideas.repec.org/p/cla/levarc/509.html

Ledyard, J. O., Roberts, J. (1974). On the incentive problem with public goods.

Lindahl, E. (1919). Die gerechtigkeit der besteuerung. Hakan Ohlssons Buchdruckerei.

Marwell, G., Schmitt, D. R. (1975). Cooperation: An experimental analysis. New York: Academic Press.

Nowak, M. A. (2006). Five rules for the evolution of cooperation. Science, 314(5805), 1560-1563. doi: 10.1126/science.1133755

Nowak, M. A., Sigmund, K. (1993). A strategy of win-stay, lose-shift that outperforms tit-for-tat in the prisoner's dilemma game. Nature, 364(6432), 56-58. doi: 10.1038/364056a0

Olson, M. (1965). The logic of collective action. Cambridge, USA: Harvard University Press.

Pennisi, E. (2005). How did cooperative behavior evolve? Science, 309, 93.

Prot, S., Gentile, D. A., Anderson, C. A., Suzuki, K., Swing, E., Lim, K. M., ··· *Lam, B. C.* (2014). Long-term relations among prosocial-media use, empathy, and prosocial behavior. Psychological Science, 25(2), 358-68. doi: 10.1177/0956797613503854

Rand, D. G., Nowak, M. A. (2013). Human cooperation. Trends in Cognitive Sciences, 17(8), 413-425. doi: 10.1016/j.tics.2013.06.003

Rapoport, A., Suleiman, R. (1993). Incremental contribution in step-level public goods games with asymmetric players. Organizational Behavior and Human Decision Processes, 55(2), 171-194. doi: 10.1006/obhd.1993.1029

Samuelson, P. (1954). The pure theory of public expenditure. The Review of Economics and Statistics, 26(4), 387-389.

Smith, A. (1759). The theory of moral sentiments. New York: Garland.

Smith, C. A., Organ, D. W., Near, J. P. (1983). Organizational citizenship behavior: Its nature and antecedents. Journal of Applied Psychology, 68(4), 653-663. doi: 10.1037/0021-9010.68.4.653

Uler, N. (2011). Public goods provision, inequality and taxes. Experimental Economics, 14(3), 287-306. doi: 10.1007/s10683-010-9268-y

Van Lange, P. A. M., Kuhlman, D. M. (1994). Social value orientations and impressions of partner's honesty and intelligence: A test of the might versus morality effect. Journal of Personality and Social Psychology, 67(1), 126-141. doi: 10.1037/00223514.67.1.126

Zelmer, J. (2003). Linear public goods experiments: A meta-analysis. Experimental Economics, 6(3), 299-310. doi: 10.1023/a:1026277420119

第 2 章　合作行为的理论及共情与合作行为的理论关系

关键词

- 理性决策理论（rational choice theory）
- 相互依赖理论（the interdependence theory）
- 群体参与模型（group engagement model）
- 适应性框架（the logic of appropriateness framework）
- 亲社会性社会文化评价、价值观和情感框架（the sociocultrual appraisals, values, and emotions framework of prosociality）
- 共情利他假设（empathy-altruism hypothesis）
- 负性情绪消除理论（negative-relief model）
- 利己主义（egoism）
- 利他主义（altruism）
- 公平（fairness）
- 公正（justice）

本章导读

人类合作一直以来是跨学科的研究项目。在这方面学者一直都在探讨着两个相关的问题，那便是“人为什么会合作？”以及“什么因素会影响或改变人类的合作行为？”。在本章的内容中，我们将统一进行相关理论的梳理。本章先介绍不同学科，总结分析进化生物学家、经济学家、社会学家、社会心理学家对“人为什么会合作”这一问题的解释，侧重于社会心理学家们解释相同的问题，主要从“资源交换取向”与“基于认同的理论”入手。希望通过这样的一个内容的梳理，能够帮助读者更好地了解和进入合作行为的知识架构。同时侧重于对分析共情与合作行为之间存在的理论联系的剖析。

2.1　人类合作的相关理论

当研究学者开始关注“人们为什么会合作”这一问题时，人类合作行为领域的理论工作（Kelley & Thibaut, 1978; Tyler, 2011; Weber, Kopelman, & Messick, 2004）就开始出现了。这个问题涉及在重复社会困境问题中什么是合适的策略这一基本问题，正如前面所述，最优策略是否存在不同的概念化，是依据个人利益最大化或群体利益最大化？下面这部分讨论将从不同的理论途径来考虑和解决这个问题。将依次从四个不同学科角度出发来阐述这些问题，即进化生物学、经济学、社会学和心理学，并重点关注合作行为领域中的心理学工作。

进化生物学家认为，合作行为是通过亲缘选择、直接互惠、间接互惠、网络互惠和群体选择等自然选择进化而来的（Deng & Chu, 2011; Hauert, Holmes, & Doebeli, 2006; Nowak, 2006; Sachs, Mueller, Wilcox, & Bull, 2004; Sigmund, 2009; Tomasello & Carpenter, 2007）。亲缘选择也被称为广义适合度，表明基因相似性有利于合作（Dawkins, 1976），这个说法可以用来解释为什么亲属间的合作行为多于陌生人。直接互惠是指在某些情况下，由于与同一个体重复互动而产生合作行为，即使是与陌生人之间。当行动者和接受者之间存在着某种不对称关系时，就会产生间接互惠，这种情况下不可能产生直接互惠。这种间接互惠是在某个新社会群体内建立良好声誉的一种方法。网络互惠是指个体在自己的空间网络内（如邻居），与一群相互竞争的背叛者进行合作。群体选择是指竞争不仅存在于个体之间，也存在于群体之间。比如，相较于纯粹的背叛者群体，完全合作群体可能发展得更快。这五种机制从进化的角度解释了为什么人们会在五种不同的情况下合作（血缘关系、两个重复互动个体、熟人社会、合作伙伴网络和群体关系），从而帮助我们更清楚地理解合作的进化。概括来说，进化生物学家关注于支持适应或繁殖的成功结果的最终远端机制，这是基于与陌生人反复互动而形成的进化机制。与此同时，这一进化机制又为分析“一报还一报”策略的产生提供了指导。

经济学家认为期望效用/理性决策理论（Elster, 1986; Pruitt & Kimmel, 1977）关注个体利益最大化，而不平等厌恶模型（Fehr & Schmidt, 2000）则关注公平和互惠情况下的他人偏好。期望效用/理性决策理论假定，每个决策者都是警惕精明的，他们会小心谨慎地评估决策环境，确定每一个可能选择的效用（如回报），最后选择预期效用最大化的选项。于此之中存在一个问题，许多理性决策模型难以去解释实际现实中的合作行为，因为这些理性模型倾向于预测人们将以牺牲群体为代价来最大化自己的效用（Colman, 1995）。因此，理性决策模型存在的问题是默认所有成员的行为都是理性的，即所有成员都会选择最大化个体利益，同时不会表现出合作行为。但是已有证据表明，人们在社会困境中做出的决策是依赖于不完全信息、错误信息，更重要的是对他人福利问题的关注。由于理性决策模型不能完全解释和预测相关实证研究，因而研究学者（Fehr & Schmidt, 2000）采用不平等厌恶模型作为另一个可能的模型，将他人偏好考虑其中。社会比较和损失厌恶（Kahneman & Tversky, 1979）的心理证据激发了不平等厌恶模型，当对方的收益与自己的收益不平等时，人们就会表现出明显的抵制（Fehr & Schmidt, 2000）。在大多数情况下，标准的利己模型（期望效用/理性决策模型）的预测是毫无疑问的；然而，在其他情况下（如最后通牒任务，带有惩罚的公共物品问题），不平等厌恶模型的预测可能会更加准确。

当经济学家采用多种实验性的经济博弈来研究合作行为和预测合作行为的模型时，社会学家则试图从社会层面来解释人们为什么会表现出合作行为（Simpson, 2004, 2006; Simpson, Willer, & Ridgeway, 2012; Willer, 2009）。举个例子，在集体行动的地位理论中，维勒（Willer, 2009）强调地位角色可以用来激励团队成员克服“搭便车”效应，以及促进对无效率的恐惧。该理论认为在公共物品（集体行动）中的合作行为可以提高个人地位，个人地位的提高又反过来促进和激励个体进一步表现出更多的合作行为。

在社会心理学中，有几种理论试图采用社会认知机制来解释合作决策。不同于进化生物学家、经济学家和社会学家，社会心理学家更感兴趣的是影响合作的前因变量、影响个体与他人合作意愿程度的因素，以及影响合作决策的个人和情境因素（Van Lange, Joireman, Parks & Van Dijk, 2013）。本书将深入研究两种方法：基于资源交换的理论和基于认同的理论。基于资源交换的理论的基本观点是，人们通过交换彼此拥有的资源，达到物质利益最大化和成本最小化（经济动机）。属于这一范畴的两个理论是相互依赖理论（Kelley & Thibaut, 1978）和亲社会的社会价值情感框架（Keltner, Kogan, Piff & Saturn, 2014）。基于认同的理论的基本观点是，人们的合作行为是为了获得所属群体的群体内认同。因此个体合作的动机是社会动机而非经济动机。属于这一范畴的理论有群体参与模型（Tyler & Blader, 2003）和适当性框架（Weber et al., 2004）。每一个被提及的理论都将在下面进行阐述。

2.1.1　相互依赖理论（the interdependence theory）及其相关理论

相互依赖理论源自博弈论，它通过描述社会情境塑造人际和人际过程的方式，为人际互动和人际关系提供了全面的解释。该理论对人际情境的结构进行了逻辑分析，提出了一种情境的分类模型，即对社会情境影响人际互动结构的功能进行分析。它将各种情况与特定的目标和动机联系起来，这些目标和动机与处理各种情况有关（Rusbult & Van Lange, 2003）。凯利等（Kelley and Thibaut, 1978）提出相互依赖理论假定，互动的结构（比如回报结构）、搭档（比如 A 和 B）、动力（比如策略）共同决定了相互依赖的相互作用。源于博弈论的相互依赖理论假定，决策者会将给定矩阵换为有效矩阵，而有效矩阵与决策者的行为密切相关。这一转换过程也可能涉及对选择的重新定义和/或评估标准的转变。每个人的矩阵（给定矩阵和有效矩阵）都由以下条件的相对重要程度决定：直接控制结果（自我控制）；搭档直接控制结果（命运控制）；双方联合控制结果（行为控制）。这一理论被认为是可以帮助理解相互依赖结构（情况是什么）和转变（人们可能如何看待某情况）的全面的理论框架。

相互依赖理论后来先发展为社会价值取向的综合模型（Van Lange, 1999），随后发展为 Parks 综合模型（Parks, Joireman & Van Lange, 2013）。如图 2.1 所示，Parks 综合模型的重心部分是给定矩阵（自我决策特征）、有效矩阵（个体经验、文化、进化动机和即时社会情境），以及转变过程，这就是相互依赖理论的基本观点。综合

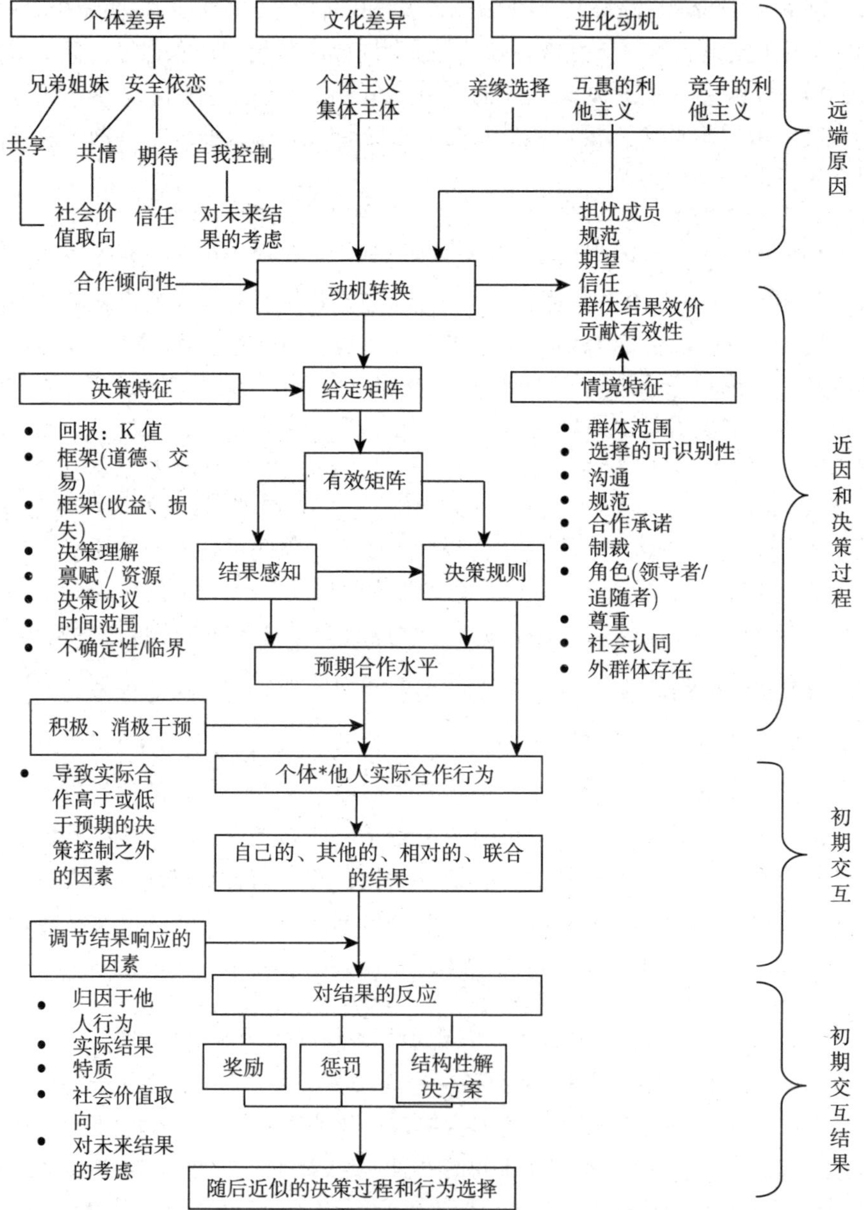

图 2.1　Parks 的综合模型（Parks. et al., 2013）

模型结合了凯利等（Kelley and Thibaut, 1978）相互依赖理论的基本原理，并将个人因素（如社会价值取向）、文化差异和调节结果反应的因素考虑其中。社会价值取向是指在混合动机情境下被试对结果的偏好模式，以及他/她倾向于如何描述（或转变）人际关系状况（Van Lange, Agnew, Harinck & Steemers, 1997）。该模型假定，有效矩阵会通过个体对结果或决策规则的感知而影响决策者的合作意图。

2.1.2　亲社会性社会文化评价、价值观和情感框架（the sociocultrual appraisals, values, and emotions framework of prosociality）

与相互依赖理论及其后续理论不同，另一个研究重点是社会困境决策中的认知过程。社会文化评价、价值和情感理论是探索亲社会性心理机制的综合框架，它包括但不限于合作，正如章节 3.4.2“合作定义”中所述。这两个理论的核心为资源交换。肯特纳等（Keltner et al., 2014）主要关注是什么影响人们以积极态度对待他人，甚至在某些情况下以牺牲自己为代价。在此框架下，研究者们重点关注如何解释亲社会行为的代价与收益之间的平衡，详见式（2.1）。如果行动的代价大于收益和不作为的代价，那么就可能发生亲社会行为（如合作行为）。式 (2.1) 中的 M 代表亲社会行为的社会动力。这表示个体所处的社会文化环境是鼓励或不鼓励亲社会行为的程度，并且在很大程度上受文化因素的影响，如社会规范和社会价值。D 是默认值，它代表了亲社会性和情境因素的个体差异，这些因素表征了当前社会环境，可能会导致亲社会行为的增加或减少。K 是修正因子，它代表了施予者对特定受助者的偏见和看法（积极或消极偏见）。B_{self} 代表亲社会行为者对自我利益的感知；$B_{recipient}$ 代表某种亲社会行为接收者对自我利益的感知；$C_{inaction}$ 代表亲社会行为不作为者对自我代价的感知；C_{action} 代表亲社会行为者对自我代价的感知。这个框架侧重于从个体层面评价亲社会行为产生的过程，但同时它也模拟了二元、群体和文化因素如何进一步形成这种代价收益分析。

$$M \times [D \times (1 + B_{self}) + K \times B_{recipient} - C_{inaction}] > C_{action} \tag{2.1}$$

综上所述，从资源交换的途径理论中可以明显看出，物质主义或经济代价收益分析是个体产生亲社会行为的核心因素，包括某些特定的合作行为。

2.1.3　群体参与模型（group engagement model）

上述两种理论都从资源交换的角度强调了合作行为的经济动机。随后的模型则认为社会动机在保护群体内部合作行为上补充了经济动机。群体参与模型关注的是人们为什么会在群体中产生合作行为，比如公司和机构。因此，与相互依赖理论关注社会困境决策不同，群体参与理论不仅为社会困境问题提供理论支持，同时也强调群体认同过程和群体认同感。群体参与模型强调个体与群体的共存，而相互依赖理论和亲社会性的社会文化评价、价值观和情感框架则强调个体层面，尤其是合作行为所涉及的个体认知过程层面。

群体参与模型假定（Tyler & Blader, 2003），公正会促进亲社会行为，即它可以解释为什么在群体、组织和社会中程序公正可以促进合作，并且程序公正会通过社会认同影响合作。程序公正是公正研究的三个主要领域之一（分配公正、程序公正、再分配公正），它主要研究人们对程序公正的主观评价（是否公平或不公平、道德或不道德），以及个体在社会互动和决策中的公平标准（Schroeder & Graziano, 2015）。该模型综合了程序公正的群体价值模型（Lind & Tyler, 1988）和权威关系模型（Lind & Tyler, 1992），并将其扩展到及时群体合作的前因变量（Tyler & Blader, 2001）。社会认同理论认为，在某种程度上，人们会从群体成员的角度来看待自己，并从群体中获得自己的身份；同时认为，当人们强烈地认同某个群体时，他们将更愿意在这个群体中采取合作行为——在工作中投入更多的时间和精力来帮助群体取得成功。群体参与模型扩展了社会认同理论，并且将认同（认同、地位判断）分为认同、骄傲、尊重三个方面（Tyler, 2011），如图 2.2 所示。认同是指人们将自我意识与群体融合的程度；骄傲是指对群体地位的判断，表现为人们在大背景下对群体地位的看法，可以将群体声望测量作为指标（Mael & Ashforth, 1992）；尊重反映了对群体内某个个体地位的判断，表达人们对群体成员眼中自己的地位的看法（Tyler, 2011）。为什么认同会促进合作？从认同角度来看，人们的合作行为是以牺牲自身利益为代价的，因为他们与他人融合在一起时，也使得自身利益与他人利益交织在一起。因此他们会将群体利益看作自身利益（De Cremer & Tyler, 2005）。在群体中，程序公正会影响认同判断，而认同判断又会反过来影响合作。群体参与模型的关键点在于，该模型认为人们关注程序公平，这也正是他们参与群体的动机所

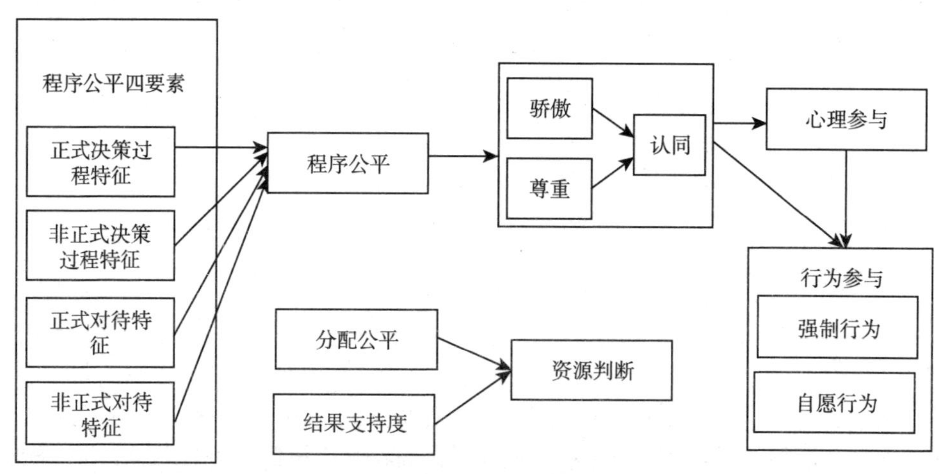

图 2.2 群体参与模型（Tyler & Blader, 2003）

在。这个模型明确地假定了这些动机是什么，换句话说，这些动机正是群体参与模型的基础。这一模型更关注于群体合作行为而非具体的社会困境问题，尽管理论上同样的逻辑可以扩展到解释社会困境问题中的行为。

2.1.4　适当性框架（the logic of appropriateness framework）

群体参与模型强调认同在群体内合作中的重要作用。同样，适当性框架也认为认同是群体环境中决定选择的三个关键概念之一。与相互依赖理论相似的是，适当性框架尤其关注社会困境决策。群体参与模型中的“认同”更像是群体认同（群体内成员关系）——“我对这个群体的归属感有多强”；而适当性框架中的“认同”是自我感知，在该框架中，个体与该群体内其他成员的联系比个体自身与群体的联系更重要——“什么样的人像我”。虽然两者对于认同的定义存在差异，但是在大部分情况下。自我感知有助于群体认同，尤其是当个体和群体拥有相似价值观时（Van Zomeren, Postmes & Spears, 2008）。

与相互依赖理论，亲社会性社会文化评价、价值观和情感框架均基于推论逻辑不同，适当性框架（Weber et al., 2004）是基于适当性逻辑的（March, 1994）。韦伯（Weber）及其同事（2004）所提出的框架旨在回答这个基本问题:“像我这样（认同）的人在这种情况下会（认知）怎么做（规则）?”。如图 2.3 所示，认同（如什么样的人像我）、对情境的认知（如在相似情境下）、规则（如他们怎么做）是进行决策的三个基础。决策者通过由认同和情境线索之间的互动所构成的镜头来看待情境。适当性框架中的认同是“涵盖个体带入社会情境的所有特质因素的总称概念”，包括人格因素，如自我控制（Snyder & Gangestad, 1985）、社会价值取向（Messick & McClintock, 1968）、个人历史和个人经验。这表明在社会困境中，素质、地位、行为和价值观等的规范性特征属性可以被看作是影响身份认同的关键因素。对情境的识别包含将当前情境特征与已了解或经历过的情境特征进行匹配；如预料之外的陌生行为，不确定、模糊情景，或者奇怪的背景信息，这些都会使基于早期经验来认识情境变得更加困难。规则包含明确的和已被编码的行为准则（如道德或法律），不太明显和/或潜在的社会启发式（如妇女和孩子优先）和传统习俗（如资源平等分配）。经济效用最大化只是社会困境中最可能运用的决策规则之一。

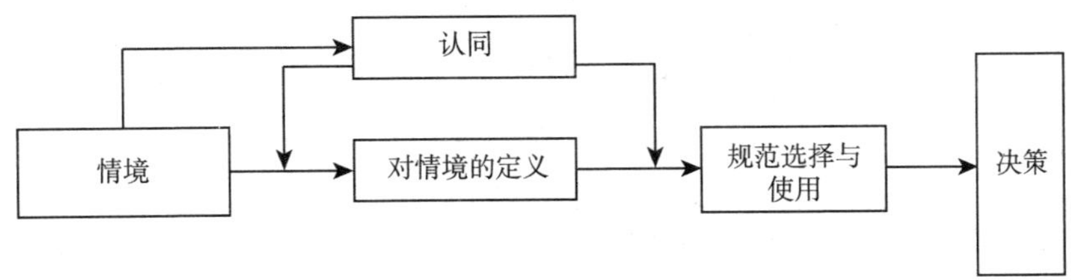

图 2.3　适当性框架（Weber et al., 2004）

综上所述，上述心理学理论一方面关注代价收益分析（相互依赖理论和亲社会性社会文化评价、价值观和情感框架），另一方面也强调认同和规则的重要性（如群体参与模型中的公平、适当性框架下的经济效用最大化）。这四种理论或框架包含了社会动机和经济动机，但对这两个方面的重视程度不同。

2.2 公共物品问题中的合作动机

为什么人们在多个公共物品问题中变现出合作行为？正如第 1.5 节“公共物品问题实验范式及其基本原理”中所述，一些理论（如期望效用模型）强调人类行为中的利己动机。尽管如此，数以百万计的人向红十字会和公共广播公司等捐赠公共物品，而且捐赠数额通常相当可观，这表明人们在某些情况下确实会为了公共物品而行动。在这种混合动机的社会困境中，人类选择合作的动机至少有三个方面：（1）利己主义，以实现自我利益长期最大化；（2）公平，尽量缩小自己和对手的利益差距；（3）利他主义，最大化对手的利益。这一观点在一定程度上得到了支持（Batson, 1994），他们从概念上分析并认为，人们为公共物品行动的原因是利己主义、利他主义、集体主义和原则主义，尽管这一观点的实证性证据有限。具体来说，利己主义的最终目标是自我利益；利他主义的最终目标是增加某个或多个个体的福利；集体主义的最终目标是增加群体福利；原则主义的最终目标则是维护某个或多个道德规范（公正或功利原则）。然而，几乎没有证据能够支撑后两种动机（集体主义和原则主义）。在本书中，利己主义、公平、利他主义将会在接下来的章节中被详细介绍和讨论，如图 2.4 所示。三种动机中的两种与巴特森（Batson, 1994）的主张相对应，即利己主义和利他主义。利己主义服务于公共物品使自己收益，然而利他主义则是服务于公共物品使某个或更多个体受益。公平动机的概念与原则主义相似，在坚持平等主义的原则下，公平动机可被归类于原则主义中。

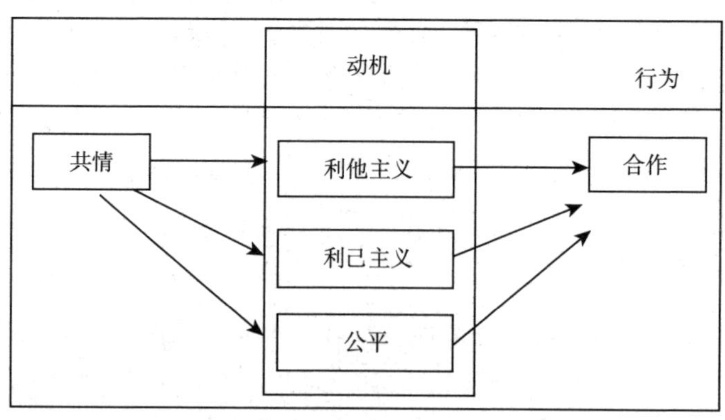

图 2.4 公共物品问题中的合作行为的动机

2.2.1　利己主义：利己动机（egoism）

为什么人们会在公共物品问题中表现出合作行为？第一个也是最明显的答案是利己主义。为使自己获益而服务于公共物品与所有人类行为的动机都是利己的假设相一致，并得到了期望效用/理性决策理论的支持。当一个人考虑到自身利益与集体利益冲突时，这种矛盾就会转变成“短期损失但是长期收益”的问题，因此，以这种方式理解时就能说明利己动机。由此，个体决定为公共物品行动是一种以短期损失为代价而实现长期利益的手段，与基于资源交换的理论一致，将经济利益最大化作为合作行为的动机因素（对相互依赖理论的预测或亲社会性社会文化评价、价值观和情感框架的成本收益分析）。

对社会困境中集体利益的另一种解释是从不同角度对利己进行了界定，即群体认同。（Batson & Ahmad, 2009）。基于自我分类理论（Turner, Hogg, Oakes, Reicher, & Wetherell, 1987）和群体参与模型（Tyler & Blader, 2003），不仅可以从个体层面对自我进行定义，也可以从群体层面（群体利益）进行定义，这就会导致个体的自我利益重叠。通过集体利益向自身利益的转化，公共物品问题中的矛盾就不再存在。因此，群体认同的提高会反过来增加个体在公共物品问题中的贡献。

毫无疑问，从这个角度来看，利己动机（利己主义）是通过启动群体认同中的自我利益或自我—集体利益的重叠部分来驱使人们选择合作的主要动机。然而，一些行为和社会科学家发现，公共物品问题中的所有行为似乎不能都完全由利己主义解释。正如前面所讨论过的理论，在群体参与模型中，合作决策中的公正重要性是行为产生的重要因素。

2.2.2　公平：维护社会规范（fairness）

人们在公共物品问题中选择合作行为的另一个动机是为了维护群体内的社会规范；毕竟，正如一些理论所言，在公共物品问题中利己主义并非唯一的合作动机。这里的规范包括社会规范，如平等/公平（Ainsworth & Baumeister, 2013; Yamamoto & Takimoto, 2012）、公正（Schroeder, Steel, Woodell & Bembenek, 2003）、平等主义（Dawes, Fowler, Johnson, McElreath & Smirnov, 2007）、不平等厌恶（Camerer & Fehr, 2001）、互惠主义（Falk & Fischbacher, 2006）。社会规范是基于个体群体成员在特定情况下应该如何行为的广泛共识的行为标准（Hechter & Opp, 2001）。这些社会规范在某种程度上彼此相似，例如平等主义动机/公正（Van Lange, 2008）。“公平”是社会规范的核心关键词，正如群体参与模型关注的程序公平，本书将对此进行充分讨论。“依照互惠条件或公正性对公平的定义，在某些适当的条件下，可能直接等同于平等主义”（Ainsworth & Baumeister, 2013）。它规范了群体成员间的社会交换，旨在促进群体和谐并确保每个人都得到他们应得的，在这种情况下，也促进合作行为并阻止“搭便车”效应（Van Vugt & Van Lange, 2006）。

2.2.3 利他主义：关注他人的福利（altruism）

人们为公共物品行动的第三种动机是利他主义，也就是所谓的“善良”或“温情效应”（Andreoni, 1990; Alger, 2010; Kurzban, Burton-Chellew & West, 2015）。利他主义的最终目标被定为增加其他个体的福利（Batson, 2011）。有越来越多的实证研究表明，在公共物品问题实验中这种动机对合作行为的产生至关重要。

2.3 共情—合作关系的相关理论

已有四个理论（相互依赖理论，亲社会性社会文化评价、价值观和情感框架，群体参与模型和适当性框架）和三个潜在动机来解释在公共物品问题中人们为什么会表现出合作行为。如前所述，一些理论重点关注如何解释人们的合作行为以及指导这种行为的潜在机制。本书重点关注于共情—合作关系。几十年来，心理学理论对共情—合作关系一直存在争议，重点关注共情是否会引发利己主义或利他主义。具有代表性的理论是共情利他假说和消极状态消除假说。

2.3.1 共情利他假说

如图 2.5 所示，共情利他假说（empathy-altruism hypothesis）理论（Batson, 1991）假设，共情会使个体对自己感同身受的人产生利他主义，并表现出对他人福利的关心，从而可能产生帮助他人的行为。图 2.5 通过将共情的前因变量、共情利他假说和共情的结果变量放在一起进行了文献综述。共情，也就是图 2.5 中的共情关注，被定义为一种他人导向的情感，是感知到需要帮助个体的福利所引发的。共情利他假说认为共情（共情关注）只产生利他动机。综述表明，可观测到的行为不仅是利他动机的产物，也是由利他动机引发的代价收益分析的产物；这种分析涉及对每个可能的行为都进行代价收益权衡。

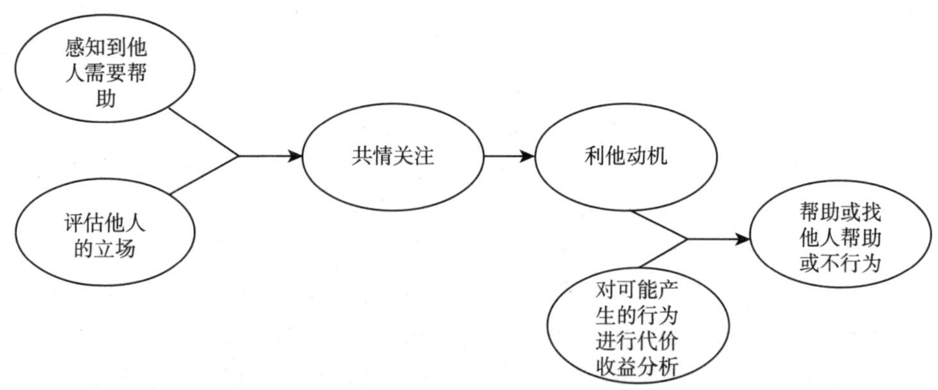

图 2.5 共情利他假说（Batson, 2011）

2.3.2　消极状态消除模型

与共情利他假说相反，消极状态消除模型（negative-state relief model）（Cialdini, Kenrick & Baumann, 1982）认为共情会引发利己动机。这些理论家认为，那些因为目睹其他个体的痛苦而体验到共情的个体，会暂时处于一种悲伤或痛苦的消极情感状态中，这又反过来促使他们采取亲社会行为（尤其指帮助他人）以减轻自己消极状态。

这两种理论都认为共情情感是导致亲社会行为（帮助）产生的关键动机，并且共情会增加个体的帮助行为。它们还一致认为当一个人因为他人的痛苦而产生共情时，个体更有可能体会到悲伤和暂时的抑郁，而帮助他人可能会驱散产生的悲伤和暂时的抑郁。这两种理论不一致的地方在于，因为感受到他人处于困境而产生的共情，其激发共情动机的本质不同。消极状态消除假说认为，动机通过情绪增强的自我奖励而直接指向施助者的利己主义目标。共情利他假说则认为，动机至少有一部分指向缓解他人不幸的利他目标（Batson et al., 1989）。然而，这两个理论都侧重于对共情施助者的假设。正如本书 3.4.2 中合作定义所述，合作与助人行为的区别在于两者之间是否存在相互依赖的关系。在公共物品问题中，合作显然被看作是相互依赖（合作）而不是独立（助人）的结果，这种相互依赖的关系更有可能影响行为反应。

除此之外，已有大量的实证研究表明共情的确是利他主义的产物而非利己主义。本书将从共情诱发利他主义的角度进行研究。还存在的一个问题是，该理论并未讨论，在公共物品问题中，这种动机是否强烈到可以导致合作行为的增加。因此，这个问题仍然存在：共情诱发的利他主义在多大程度上有效地引发行为改变（即增加合作行为）？

2.4　本书中实证研究与理论的联系

本书为了研究共情—合作关系，设计了四项实证研究。实际上，每个研究都是为回答“共情对合作的影响是什么？”这一问题。研究 1 旨在检验公共物品问题中共情—合作间存在联系。基于共情利他假说，Parks的综合模型明确指出共情的概念存在个体差异化（如特质性），如图 2.1 所示，进一步影响安全依恋系统，因此影响合作特质性。特质性合作在给定矩阵向有效矩阵的转化中扮演着至关重要的角色，进而会影响合作决策。亲社会性社会文化评价、价值观和情感框架并未明确指出共情在亲社会行为中的作用，但这一理论暗指，如果共情的确在合作决策中发挥作用，那么个体差异会影响 D（默认值）和 K（修正因子）。群体参与模型也并未明确指出共情在群体内部的作用。适当性框架可以在这里应用，因为这一理论假定诱发共情将会影响情境认知，共情特质的个体差异又会影响认同进而影响合作决策（如具有更高共情特质的个体，在识别情境后更可能表现出合作行为）。

在第 5 章中描述的研究 2 旨在探索个人价值观的作用，它被认为是影响共情—合作关系的潜在社会线索。基于认同理论（群体参与模型和适当性框架），认同在群体内的合作决策中起着至关重要的作用。共享价值是自我认同和认知的重要组成部分（Van Zomeren et al., 2008），而这些可能会反过来促进合作行为。因此，研究 2 是为了检验这一观点而设计和实施的。

研究 3（详见第 6 章）旨在讨论当在公共物品问题中每个玩家的禀赋数量和来源（运气 vs 努力）不同时，共情对合作的影响。通过创造不同禀赋条件，将会涉及地位概念，同样群体内的地位是研究 3 中另一个需要被重视的心理学概念。基于认同的理论，特别是群体参与模型，地位等同于尊重概念，即群体内地位。这一理论认为地位概念会影响个体认同判断，这是群体行为参与的结果，认同判断又会反过来影响个体的合作行为。研究 4 的实验设计复制了研究 3，是为了探究共情—合作关系中的地位概念。然后，不同于研究 1、2、3 均是探究群体内合作，研究 4 是为了考察共情—合作关系的二元交互作用。这将在第 7 章进行讨论。

本章参考文献

Ainsworth, S. E., Baumeister, R. F. (2013). Cooperation and fairness depend on selfregulation. Behavioral and Brain Sciences, 36(1), 79-80.

Alger, I. (2010). Public goods games, altruism, and evolution. Journal of Public Economic Theory, 12(4), 789-813. doi: 10.1111/j.1467-9779.2010.01474.x

Andreoni, J. (1990). Impure altruism and donations to public goods: A theory of warm-glow giving. The Economic Journal, 100, 464-177.

Batson, C. D. (1991). The altruism question: Toward a social psychological answer. New York: Lawrence Erlbaum.

Batson, C. D. (1994). Why act for the public good? four answers. Personality and Social Psychology Bulletin, 20(5), 603-610. doi: 10.1177/0146167294205016

Batson, C. D. (2011). Altruism in humans. New York: Oxford University Press.

Batson, C. D., Ahmad, N. Y. (2009). Empathy-induced altruism: A threat to the collective good. In S. R. Thye. E. J. Lawler (Eds.), Advances in group processes (p. 1-23). UK: Emerald Group Publishing Limited. doi: 10.1108/s0882-6145(2009)0000026004

Batson, C. D., Batson, J. G., Griffitt, C. A., Barrientos, S., Brandt, J. R., Sprengelmeyer, P., Bayly, M. J. (1989). Negative-state relief and the empathy-altruism hypothesis. Journal of Personality and Social Psychology, 56(6), 922-933. doi: 10.1037/0022-3514.56.6.922

Camerer, C. F., Fehr, E. (2001). Measuring social norms and preferences using experimental games: A guide for social scientists. In J. Henrich et al. (Eds.), Foundations of human sociality: Economic experiments and ethnographic evidence from 15 smallscale societies (p.55-95).

Cialdini, R. B., Kenrick, D. T., Baumann, D. J. (1982). Effects of mood on prosocial behavior in children and adults. In The development of prosocial behavior (p.339-359).

Colman, A. M. (1995). Game theory and its applications in the social and biological sciences (2nd ed.). London and New York: Routledge.

Dawes, C. T., Fowler, J. H., Johnson, T., McElreath, R., & Smirnov, O. (2007). Egalitarian motives in humans. Nature, 446(7137), 794-6. doi: 10.1038/nature05651

Dawkins, R. (1976). The selfish gene. New York: Oxford University Press.

De Cremer, D., Tyler, T. R. (2005). Managing group behavior: The interplay between procedural justice, sense of self, and cooperation. Advances in Experimental Social Psychology, 37, 151-218.

Deng, K., Chu, T. (2011). Adaptive evolution of cooperation through darwinian dynamics in public goods games. Plos One, 6(10). doi: 10.1371/journal.pone.0025496

Elster, J. (1986). Rational choice. New York: New York University Press.

Falk, A., Fischbacher, U. (2006). A theory of reciprocity. Games and Economic Behavior, 54(2): 293-315. doi: 10.1016/j.geb.2005.03.001

Fehr, E., Schmidt, K. M. (2000). Theories of fairness and reciprocity-evidence and economic applications.

Hauert, C., Holmes, M., Doebeli, M. (2006). Evolutionary games and population dynamics: Maintenance of cooperation in public goods games. Proceedings of the Royal Society B: Biological Sciences, 273(1600), 2565-2571. doi: 10.1098/rspb.2006.3600

Hechter, M., Opp, K.-D. (2001). Social norms. New York: Russell Sage Foundation.

Kahneman, D., Tversky, A. (1979). Prospect theory: An analysis of decision under risk. Econometrica: Journal of the Econometric Society, 47(2), 263-291.

Kelley, H. H., Thibaut, J. W. (1978). Interpersonal relations: A theory of interdependence. New York: Wiley.

Keltner, D., Kogan, A., Piff, P. K., Saturn, S. R. (2014). The sociocultural appraisals, values, and emotions (save) framework of prosociality: Core processes from gene to meme. Annual Review of Psychology, 65, 425-460. doi: 10.1146/annurev-psych-010213-115054

Kurzban, R., Burton-Chellew, M. N., West, S. A. (2015). The evolution of altruism in humans. Annual Review of Psychology, 66, 575-99. doi: 10.1146/annurev-psych-010814-015355

Lind, E. A., Tyler, T. R. (1988). The social psychology of procedural justice. New York: Springer Science Business Media.

Lind, E. A., Tyler, T. R. (1992). A relational model of authority in groups. Advances in Experimental Social Psychology, 25, 115-191. doi: 10.1016/S0065-2601(08)60283-X

Mael, F., Ashforth, B. E. (1992). Alumni and their alma mater: A partial test of the reformulated model of organizational identification. Journal of Organizational Behavior, 13(2), 103-123. doi: 10.1002/job.4030130202

March, J. G. (1994). Primer on decision making: How decisions happen. New York: Simon and Schuster.

Messick, D. M., McClintock, C. G. (1968). Motivational bases of choice in experimental games. Journal of Experimental Social Psychology, 4(1), 1-25. doi: 10.1016/0022-1031(68)90046-2

Nowak, M. A. (2006). Five rules for the evolution of cooperation. Science, 314(5805), 1560-1563. doi: 10.1126/science.1133755

Parks, C. D., Joireman, J., Van Lange, P. A. M. (2013). Cooperation, trust, and antagonism: How public goods are promoted. Psychological Science in the Public Interest, 14(3), 119-165. doi: 10.1177/1529100612474436

Pruitt, D. G., Kimmel, M. J. (1977). Twenty years of experimental gaming: Critique, synthesis, and suggestions for the future. Annual Review of Psychology, 28(1), 363-392. doi: 10.1146/annurev.ps.28.020177.002051

Rusbult, C. E., Van Lange, P. A. M. (2003). Interdependence, interaction, and relationships. Annual Review of Psychology, 54, 351-375. doi: 10.1146/annurev.psych.54.101601.145059

Sachs, J. L., Mueller, U. G., Wilcox, T. P., Bull, J. J. (2004). The evolution of cooperation. The Quarterly Review of Biology, 79(2), 135-160. doi: 10.1086/383541

Schroeder, D. A., Graziano, W. G. (2015). The oxford handbook of prosocial behavior. USA: Oxford University Press.

Schroeder, D. A., Steel, J. E., Woodell, A. J., Bembenek, A. F. (2003). Justice within social dilemmas. Personality and Social Psychology Review, 7(4), 374-387. doi: 10.1207/s15327957pspr070409

Sigmund, K. (2009). Sympathy and similarity: The evolutionary dynamics of cooperation. Proceedings of the National Academy of Sciences of the United States of America, 106(21), 8405-8406. doi: 10.1073/pnas.0903947106

Simpson, B. (2004). Social values, subjective transformations, and cooperation in social dilemmas. Social Psychology Quarterly, 67(4), 385-395. doi: 10.1177/019027250406700404

Simpson, B. (2006). Social identity and cooperation in social dilemmas. Rationality and Society, 18(4), 443-470. doi: 10.1177/1043463106066381

Simpson, B., Willer, R., Ridgeway, C. (2012). Status hierarchies and the organization of collective action. Sociological Theory, 30(3), 149-166. doi: 10.1177/0735275112457912

Snyder, M., Gangestad, S. (1985). On the nature of self-monitoring: Matters of assessment, matters of validity. Journal of Personality and Social Psychology, 51(1), 125-139. doi: 10.1037/0022-3514.51.1.125

Tomasello, M., Carpenter, M. (2007). Shared intentionality. Developmental Science, 10(1), 121-125. doi: 10.1111/j.1467-7687.2007.00573.x

Turner, J. C., Hogg, M. A., Oakes, P. J., Reicher, S. D., Wetherell, M. S. (1987). Rediscovering the social group: A self-categorization theory. England: Basil Blackwell.

Tyler, T. R. (2011). Why do people cooperate? New Jersey, USA: Princeton University Press.

Tyler, T. R., Blader, S. L. (2001). Identity and cooperative behavior in groups. Group Processes Intergroup Relations, 4(3), 207-226. doi: 10.1177/1368430201004003003

Tyler, T. R., Blader, S. L. (2003). The group engagement model: Procedural justice, social identity, and cooperative behavior. Personality and Social Psychology Review, 7(4), 349-361. doi: 10.1207/s15327957pspr070407

Van Lange, P. A. M. (1999). The pursuit of joint outcomes and equality in outcomes: An integrative model of social value orientation. Journal of Personality and Social Psychology, 77(2), 337-349. doi: 10.1037/0022-3514.77.2.337

Van Lange, P. A. M. (2008). Does empathy trigger only altruistic motivation? how about sel essness or justice? Emotion, 8(6), 766-774. doi: 10.1037/a0013967

Van Lange, P. A. M., Agnew, C. R., Harinck, F., Steemers, G. E. (1997). From game theory to real life: How social value orientation affects willingness to sacrifice in ongoing close relationships. Journal of Personality and Social Psychology, 73(6), 1330-1344. doi: 10.1037/0022-3514.73.6.1330

Van Lange, P. A. M., Joireman, J., Parks, C. D., Van Dijk, E. (2013). The psychology of social dilemmas: A review. Organizational Behavior and Human Decision Processes, 120(2), 125-141. doi: 10.1016/j.obhdp.2012.11.003

Van Vugt, M., Van Lange, P. A. M. (2006). The altruism puzzle: Psychological adaptations for prosocial behavior. In M. Schaerer, D. Kenrick, & J. Simpson (Eds.), Evolution and social psychology (p. 237-261). New York: Psychology Press.

Van Zomeren, M., Postmes, T., Spears, R. (2008). Toward an integrative social identity model of collective action: A quantitative research synthesis of three sociopsychological perspectives. Psychological Bulletin, 134(4), 504. doi: 10.1037/0033-2909.134.4.504

Weber, J. M., Kopelman, S., Messick, D. M. (2004). A conceptual review of decision making in social dilemmas: Applying a logic of appropriateness. Personality and Social Psychology Review, 8(3), 281-307. doi: 10.1207/s15327957pspr08034

Willer, R. (2009). A status theory of collective action (Vol. 26). Emerald Group Publishing Limited. doi: 10.1108/s0882-6145(2009)0000026009

Yamamoto, S., Takimoto, A. (2012). Empathy and fairness: Psychological mechanisms for eliciting and maintaining prosociality and cooperation in primates. Social Justice Research, 25(3), 233-255. doi: 10.1007/s11211-012-0160-0

第 3 章　共情与合作关系之元分析

关键词

- 系统性分析（systematic review）
- 元分析（meta-analysis）
- 共情（empathy）
- 亲社会行为（prosocial behavior）
- 助人行为（helping behavior）
- 分享（sharing）

本章导读

本章采用系统性综述和元分析的方法，对已有文献中探讨共情与合作关系的实证性研究进行了全面的分析。通过这样的一个系统性综述的结果，我们发现，由于合作概念的模糊性以及共情操纵的不统一，导致了两者的相关关系是否成显著性正相关，取决于共情或合作的测量方式。同时，因果关系的探讨取决于共情的操纵方法，由于不同的操纵方法，导致共情对合作行为的作用不一致。

3.1　引　　言

为了给“共情和合作之间的关系是什么？”这个问题提供一个明晰的答案，我们在众多致力于回答此问题的心理学研究的基础上进行了一个系统性综述。虽然有一些综述对合作的不同理论视角进行了评判性的评价（Colman, 2003; De Dreu, 2013; Fehr & Schmidt, 2000; Kollock, 1998; Sachs, Mueller, Wilcox & Bull, 2004），但迄今为止，还没有关于研究共情的研究方法取向的综述，尤其是关于共情和合作之间的关系。更贴切地说，只有一小部分心理学家（Eisenberg & Miller, 1987; Underwood & Moore, 1982）对从 1970 年以来的关于共情和亲社会行为之间关系的实证研究撰写过综述。但是，这些过去的综述并不是系统性综述，当然也没有提供自那时以来进行的研究的覆盖范围。因此，很显然这样的一份综述能够巩固现有文献，使得研究人员发现现有研究结果中的一般模式，在研究结果存在不一致时，指出这些不一致之处，并根据它们的出现进行推测。还有其他的依据来支持我们对有关共情与合作之间关系的研究方法和实证研究结果进行系统的综述。首先，在共情和亲社会行为之间有一种假定的天然联系；这是因为共情他人的过程会增加理解他人的感受并敏感地做出反应的可能性。但是这一强有力的假设是怎样被研究结果支持的呢？这个问题只有通过一篇全面并且系统的研究结果综述才可以解答。其次，亲社会行为包含许多种，合作只是其中之一，但到目前为止，对亲社会行为和共情之间关系的研究往往不区分不同类型的亲社会行为。这就意味着有必要研究一种亲社会行为的具体证据，以及它与共情的联系，然后确定这种联系是否适用于所有类型的亲社会行为。最后，尽管有许多关于共情和亲社会行为的研究，但研究方法的取向可能存在局限性，从而难以得出坚定的理论结论。因此，本综述的目的是考察研究共情和合作之间关系的方法及实证的研究结果，为适当的研究领域提供基于证据的见解，并为进一步的实证研究和理论发展提供指导。

与传统的叙述性综述不同，基于证据的系统性综述力求对给定主题的所有相关研究进行全面的识别、评价和综合，通常用于检验单个假设（Petticrew & Roberts, 2008）。此外，它试图整理所有符合预定标准的相关证据，以回答特定的研究问题（Moher et al., 2015）。系统性综述还能够提供关于影响效果的可靠估计，从而使结论能够站得住脚，能够论证哪里缺乏知识，还可用于指导未来的研究和政策的制定。元分析是一种类似于定量研究的统计综合法，包括从每个研究中计算标准效应值的大小，并汇集总数据以生成单个总体效应值（Balliet & Van Lange, 2013b, 2013a; Vachon, Lynam & Johnson, 2014; Zelmer, 2003）。在本项目中，元分析并没有被采用，因为这种方法是考察关于共情和合作关系的类型的一种宽泛的概念，然后评估实证研究探索这种关系的方式。此外，由几种不同方法生成的数据类型使得进行元分析变得困难，这是因为很少有研究实行完全相同的方法来支持合理的元分析。因此，考虑到这些因素，我们针对“成人群体中共情与合作之间的关系是什么？”这一研究问题做出系统性综述。

3.2　方　　法

如前所述，本系统性综述是为了探索共情和合作之间的关系，并依据该系统性综述优先报告项目协议和元分析协议撰写的（Moher, Liberati, Tetzlaff, Altman & Group, 2009; Moher et al., 2015）。

3.2.1　纳入标准

在本系统性综述中，有几个选择研究的标准。第一，研究中的参与者必须同时满足无临床疾病和成年（年满 18 周岁）两个条件。第二，本综述覆盖范围是自 1975 年至 2014 年在心理学研究领域的英文出版物。第三，只有研究共情和合作关系的实证的实验室研究被纳入。第四，收集行为或心理物理反应的研究被纳入，但神经心理学的证据被省略。这样做的原因是为了减少不同实验反应之间不必要的可变性，并确保本系统性综述所采用的实验研究是直接可比并侧重于行为结果的。

3.2.2 搜索策略和研究记录

广泛应用于多个学科的数据库是“Web of Knowledge”和“Scopus”，而通常使用的特定心理学数据库是“PsycINFO”。这三个数据库都被用来检索相关的文献。布尔运算符“AND”被用来搜索关键词“empathy（共情）”和“cooperation（合作）”的组合。图 3.1 显示了为本综述搜索和选择文献的详细信息。

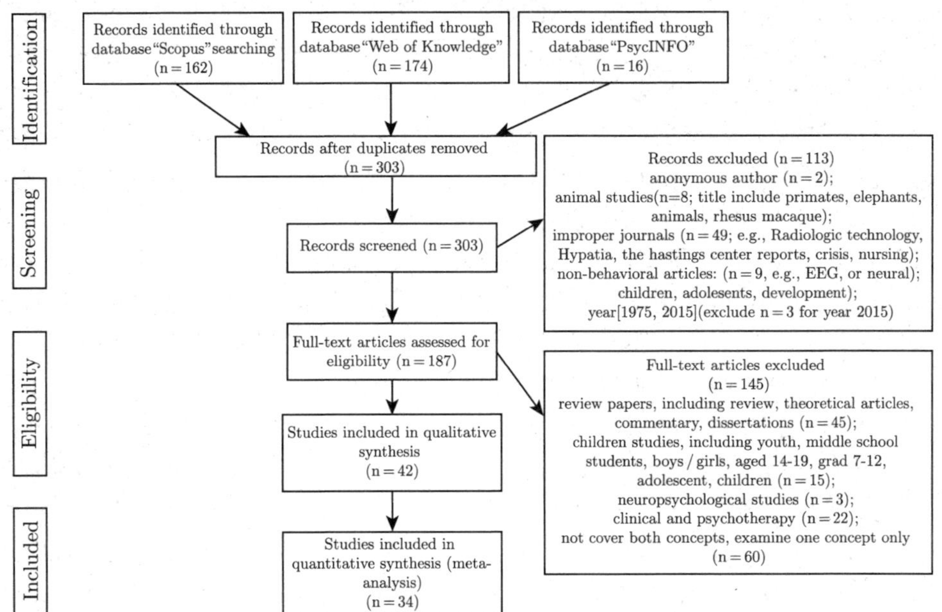

图 3.1 系统性综述的流程（2015 年 3 月 24 日对文献进行的检索）

3.3 结 果

本综述从共情与合作关系的逻辑出发，探讨了共情与合作的研究现状。虽然共情和合作被分开研究的方式多种多样，但在实证研究中，只有三种明确的分类可以检验它们之间关系的本质。这三种途径分别是：共情和合作的相关 $(E \infty C)(n = 11)$；共情对于合作的影响 $(E \rightarrow C)(n = 13)$；以及合作对于共情的影响 $(C \rightarrow E)(n = 10)$。每一类的一般研究结果讨论如下。

3.3.1 类别 1：共情（因变量）与合作（因变量）的相关关系

相关取向是用来探索个体的共情能力是否与合作行为具有相关关系。总共有 11 项研究被发现并分配到该类别。表 3.1 总结了来自这些研究的证据。11 项研究中有 5 项直接考察了共情与合作之间的相关关系（Edele, Dziobek & Keller, 2013; Eisenberg, Fabes, et al., 1989; Eisenberg, Miller, et al., 1989; Paal & Bereczkei, 2007）。

表 3.1　类别 1 中包含的研究：共情与合作之间的相关关系（$E \infty C$）（$n = 11$）

研究学者	N	样本中女性所占的百分比	共情的测量（因变量）	合作的测量（因变量）	E ∞ C	模型图	共情的概念	亲社会行为的类型
Krebs（1975）	60	0	14 份共情指标；3 份主观报告；11 种心理生理测量	奖金试验中赢得钱或受到打击的机会	+	C1M	3	合作
Marks, Penner, Stoner（1982）Study 1	159	0	STAI- 焦虑状态量表（A-State）（Spielberger et al., 1970）	一份列有 21 项可能结果的清单和一个装有 2 元钱的信封；在自私 - 帮助的连续统一体中，选择是不同的	0	C1M	7	合作
Eisenberg et al.（1989）	69	53	面部指标；面部和自我报告指标；心率；2 种移情量表	主动提出帮助的小时数	+	C1	8	助人
Eisenberg et al.（1989）	78	48	情感反应问卷中的四个形容词	用来帮助 X 做家务的时间	+	C1	8	助人
			IRI	同上	+	C1	8	助人
Maner Gailliot（2007）	154	68	情绪的测量；一般特异性（GS）评估，其中测量的项目包括悲伤，情绪低落，心情沉重	帮助意愿	+/0	C1M	8	助人
Paal Bereczkei（2007）	127	60	读心能力测验	TCL	+	C1	1	合作

续表

研究学者	N	样本中女性所占的百分比	共情的测量（因变量）	合作的测量（因变量）	E ∞ C	模型图	共情的概念	亲社会行为的类型
Irwin et al.（2008）Study 1	61	66	小插曲后呈现的情绪 IFQ	PDG	+	C1M	8	合作
Study 2	88	54	小插曲后呈现的情绪 IFQ	PDG	+	C1M	8	合作
McGinley et al.（2009）	148	67	来自 IRI 的共情关注分量表	PTM（男人）	+	C1M	8	亲社会
				PTM（女人）	0	C1M	8	亲社会
Greitemeyer（2009）Study 4	50	62	自我评价的移情，忧虑，怜悯，软心肠，温柔	DG	+	C1M	5	分享
Koschate et al.（2012）	185	NG	IFQ	OCB（个人导向的亲社会行为）	+	C1M	8	助人
Study 2				四个项目（团体导向的亲社会行为）	0	C1M	8	助人
Edele et al.（2013）	35	46	IRI	DG	+	C1	1	分享
			MET-CORE		+/0			
			MASC		0			

注. 表 3.1 中提到的所有参考文献都是按出版年份排列的。此外，TCL: Cloninger's 气质与性格问卷测验社会合作量表（Cloninger et al., 1994）; PDG: 囚徒困境博弈; DG: 独裁者博弈; PTM: 亲社会倾向测量（Carols & Randall, 2002）; OCB: 组织公民行为（Smith, Organ & Near, 1983）。报告的调查结果根据以下简单的标准进行标注:+: 正效应; 0: 中性作用。第 7 列代指共情与合作之间的关系，此处 C1 指两个因变量（共情与合作）之间的相关性; C1M 指的是自变量通过中介变量（共情）对因变量（合作）的间接影响所示。

在这 5 项研究中，一般结果显示共情与合作之间存在正相关关系（Edele et al., 2013; Eisenberg, Fabes, et al., 1989; Eisenberg, Miller, et al., 1989; Marks, Penner, & Stone, 1982; Paal & Bereczkei, 2007）。例如，（Paal and Bereczkei, 2007）利用Cloninger的气质和性格清单中的社会合作量表发现，人们报告的心智理解能力（被视为共情指数）越强，他们就越愿意合作。然而，在（Edele et al., 2013）的研究中，由于使用了多个共情测量值，当用电影测量共情对社会认知的评价时，共情与合作之间没有相关性。

现在转向其他研究的实验证据（11 个研究中的另外 6 个），他们研究了共情对其他因素和合作的中介作用，其中共情被认为是中介变量，如图 3.2 所示。中介变量包括行为的、生物的、心理的和/或社会的概念，能够将一个变量的影响传递给另一个变量（MacKinnon, Fairchild & Fritz, 2007; Rucker, Preacher, Tormala & Pettey, 2011）。研究证据表明，共情是性格/价值观相似性与合作（Krebs, 1975）、关系背景（亲戚或陌生人）和合作（Maner & Gailliot, 2007）、关于信任的个体差异与合作（Irwin, McGrimmon & Simpson, 2008）、压力和合作（McGinley et al., 2009）、听亲社会的歌曲与合作（Greitemeyer, 2009）、以及身体接触与合作（Koschate, Oethinger, Kuchenbrandt & Dick, 2012）之间的中介变量。这六项研究为共情与合作之间的正相关关系提供了间接证据。

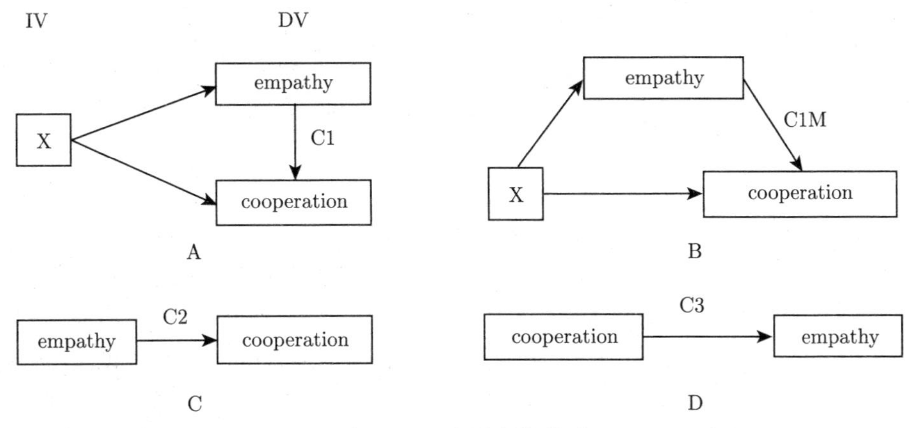

图 3.2　两变量之间关系

综上所述，研究共情与合作之间的相关关系可由两个变量直接相关进行检验，也可将共情作为一中介变量间接检验，如图 3.2 所示。研究共情与合作之间的直接相关发现，此两种概念之间存在混合且不稳定的相关关系，这种相关关系受到共情测量的影响，如表 3.1 所示。超过半数的证据表明，共情在其他变量和合作中起中介作用，这结论支持共情与合作的正相关关系。

3.3.2 类别 2：共情（自变量）对于合作（因变量）的影响

在本研究方法中，共情被作为自变量引入，以考察其在实验室环境中对合作的影响，如图 3.2 所示。表 3.2 列示了这一类别下的研究。总体而言，大多数研究（13 项中的 11 项）发现，共情诱导促进或至少维持了合作行为（Allsop, Fifield, & Seiter 2002; Batson & Moran, 1999; Cialdini et al., 1987; Eimontaite, Nicolle, Schindler & Goel, 2013; Fultz, Batson, Forten- bach, McCarthy & Varney, 1986; Oswald, 1996, 2002; Pavey, Greitemeyer & Sparks, 2012; Rumble, Van Lange & Parks, 2010; Sturmer, Snyder, Kropp & Siem, n.d.; Xu, Kou & Zhong, 2012）；但是，剩余两项研究和另一项研究的一半（Oswald, 1996; Warren & Walker, 1991; Xu et al., 2012, Study2）报告表示共情诱导对合作没有影响。

对于发现共情对合作有积极影响的研究，共情诱导的方法包括：（1）创造一个需要帮助的情境和接受指导的视角（认知和情感）（Batson & Moran, 1999; Oswald, 2000）；（2）通过声音（Cialdini et al., 1987）、故事（Allsop et al., 2002; Pavey et al., 2012; Sturmer et al., n.d.）或文章（Eimontaite et al., 2013）传达对痛苦的描述。如表 3.2 所示，大多数研究发现共情与合作之间存在着积极的联系，它们都采用了共情诱导的第一种方法，即向参与者讲述一个令人悲伤的痛苦故事来诱导他们产生对他人的悲伤或怜悯。这是一种鼓励参与者在囚徒困境任务 [一种社会困境任务，通常用来考察人们合作或叛变的程度（Batson & Ahmad, 2001; Batson et al., 1995, 1999; Rumble et al., 2010; Xu et al., 2012）] 中表现得更合作的方法。这里的思想是，呈现这类故事会促使人们产生共情体验，而共情体验反过来又会促进合作。

例如，巴特森和莫兰（Batson and Moran, 1999）认为共情将激励参与者在囚徒困境中合作，于是考察了共情是否通过提供负面形象和接受诱导指引的视角来诱导利他行为。他们发现，共情诱导条件下的合作比率显著高于非共情诱导条件下的合作比率。此外，作者认为利他主义不仅仅是一种道德动机，还是一种独特的亲社会动机。道德动机的目标是坚持一种道德原则，而亲社会动机的目标是提高他人的福利（Batson et al., 1995）。该项研究的结论是，共情诱导利他行为最终导致合作行为，这证实了共情利他假设，即当一个人对另一个有需要的人产生共情时，前者会被利他动机激励去增加后者的福利。与巴特森等 （Batson et al., 1999）不同，巴特森和艾哈迈德（Batson and Ahmad, 2001）采用了有顺序的囚徒困境（一个人先行动，然后另一个人再行动）替代传统的囚徒困境（两个人同时进行选择）来解决类似的问题。有顺序的囚徒困境的目的不在于评估参与者在不确定其他参与者在任务中会做什么选择的情况下如何决策，而是评估共情诱导的利他主义是否会激励参与者在囚徒困境任务中合作，即使他知道共情的目标已经叛变。这项研究的结果发现，即使参与者知道他们在游戏中的搭档叛变了，共情仍然存在，在某些情况

表 3.2　类别 2 中包含的研究：共情对合作的影响（$E \to C$）（$n = 13$）

研究学者	N	样本中女性所占百分比	对共情的操纵（自变量）	检查共情操纵的方法	对合作的测量（因变量）	共情对合作的影响	共情的概念	亲社会行为的类型
Fultz et al.（1986）Study 1	22	100	需要情境 + 观点采择指引	自我报告情景下的共情（共情形容词 6 个，悲伤形容词 8 个）	花时间和 X 在一起的意愿	+	8	助人
Study 2	32	100	同上	自我报告情感	提供的帮助	+	8	助人
Cialdini et al.（1987）Study 1	87	100	“Elaine”——另一名报告接受电击有问题的参与者，将在接受电击的同时进行一系列学习试验	自我报告关注 X 在故事中的感受；自我报告的重点是从梗概中得到的客观的信息（在 7 点量表中体现）	提供的帮助	+	8	助人
Study 2	35	100	听一段 5 分钟的“来自个人生活的新闻”磁带，其中描述了 Carlo 的困境，她在一次车祸中摔断了腿	同上	提供的帮助	+	8	助人
Warren & Walker（1991）	2648	NG	观点采择操纵（想象自我；想象另一个人）	共情 5 点量表	捐款金额/参与者是否交回表示他们的支持的表格	0	6	慈善捐赠（S）
Oswald（1996）	65	85	情感观点采择（关注他人的感受）；认知观点采择（关注他人的想法）	录像的情感方面，认知方面和技术方面的 5 点量表	提供帮助的小时数	+ 情感性共情 0 认知性共情	8	助人

续表

研究学者	N	样本中女性所占百分比	对共情的操纵（自变量）	检查共情操纵的方法	对合作的测量（因变量）	共情对合作的影响	共情的概念	亲社会行为的类型
Batson & Moran（1999）	60	100	和 Batson（1991）采用的方法一致	IFQ	同时的 PDG	+	8	合作
Oswald（2000）	162	70	认知观点采择；情感观点采择	IFQ	提供帮助的小时数	+/0	8	助人
Allsop et al.（2002）	97	64	想象有一个把钥匙锁在车里的人向你索要钱	自我报告因梗概而产生的对 X 的共情	接受请求提供帮助的可能性	+	6	助人
Oswald（2002）	109	71	情感观点采择；认知观点采择	自我报告共情（7 点量表）	自愿帮忙的时间	+ 情感的	8	助人
Sturmer et al.（2006）Study 1	94	0	关于对生活感到沮丧的故事	印象检查问卷检索同情、移情和共情理解的感觉（1-7）	帮助意愿	+	8	助人
Study 2	40	58	关于丢失背包的故事	同上	在有惩罚的条件下提供的帮助（例如，如果他们不遵守，可能会失去自己的钱）	+	8	助人
Rumble et al.（2010）	180	NG	观点采择 + 一个分手的故事（Batson, 1991）	IFQ	PDG 变体	+	8	合作

续表

研究学者	N	样本中女性所占百分比	对共情的操纵（自变量）	检查共情操纵的方法	对合作的测量（因变量）	共情对合作的影响	共情的概念	亲社会行为的类型
Xu et al.（2012）Study 1	60	50	观点采择 + 一个分手的故事（Batson, 1991）	IFQ	同时的 PDG	+	8	合作
Study 2	60	50	同上	IFQ	同时的 PDG	0	8	合作
Pavey et al.（2012）Study 1	70	42	一段简短的关于一个人的信息，此人经历了一场车祸，因此不能去上班（改编自 Batson et al., 1997）	IFQ （网上呈现）	助人意愿（2 个问题，用 5 点量表作答）	+	8	助人
Study 2	166	82	同上	IRI	亲社会倾向，自我报告的将会在两周内进行的亲社会行为	+ 共情倾向 - 亲社会意向和行为	8	亲社会
Study 3	59	33	一段简短的信息，关于一个患有抑郁症的女人	IFQ	助人意愿	+	8	助人
Eimontaite et al.（2013）	38	37	诱导共情的文章 （修改自 Harmon-Jones et al., 2003）	自我情绪问卷（一份包含 36 个情绪词的清单，针对每一种情绪表明他们对“其他参与者”的感受）	PDG; TG	+	8	合作

注. 表 3.2 中提到的所有参考文献都是按出版年份排列的。此外，PDG：囚徒困境；TG：信任游戏；IFQ：印象与感受问卷（Batson, 1991）；IRI：人际反应指数（Davis, 1983）。报告的调查结果根据以下简单的标准进行标注：+：正效应；0：中性作用；−：负效应。

下甚至增加了合作。

类似的，在另一项研究中，有学者（Xu et al., 2012）采用了相同的范式考察当人们明确知道对方会叛变时，共情是否会促进合作，得出的结论与巴特森和莫兰（1999）的研究结果相同。研究报告称，诱导对搭档的共情能够维持合作，或者更确切地说，他们对共情的操控促进了人们对另一个可能会叛变的人的宽恕。因此，对一个个体的共情诱导显然有助于促进参与者在囚徒困境任务中的合作。

同样的，郎布尔等（Rumble et al., 2010）使用一个重复的社会困境任务，同时也诱导共情产生，最终得出结论：共情对社会互动有广泛的益处。本书引入了“噪音”；社会困境中的“噪音”情境指的是一种特殊情境，在这种情境中，其他人的意图或行动均是不确定的。研究者认为，共情可以是一种有效的工具，用来对他人模棱两可的、可能容易误解的行为做出反应，这在人与人之间的关系中发挥着关键作用，从而能够维持和加强合作。高水平的共情有助于个体减少或消除“噪音”的有害影响，他们的发现为这一假设提供了很好的支持。他们认为，共情增加了个体与互动伙伴的结果相关联的积极比重，进而可能带来相对较高的合作水平，即使重复的“噪音”事件可能会对合作互动构成挑战。因此，实证证据支持共情能够在不受“噪音”影响的情况下保持合作的观点（Van Lange, 1999; Van Lange & Kuhlman, 1994; Van Lange & Visser, 1999）。

与上述研究相对比，一些研究（Oswald, 1996; Warren & Walker, 1991; Xu et al., 2012, Study2）发现共情对合作无显著影响。例如，操纵共情和感知到的帮助的有效性来考察这两者在促进对慈善组织的捐款方面是否是一种有效率的方式（Warren and Walker, 1991）。实验发现，有效性操作产生了显著的主效应，而对共情的操作本身对结果是不显著的。此外，诱导认知和情感两个角度的观点采择来指导参与者注意到录像带中的目标思想（认知角度）或目标情感（情感角度），发现情感观点采择条件下的参与者比认知观点采择条件下和控制条件下（即关注录像带的技术层面，例如灯光和声音质量）的参与者主动提供了更多的帮助。（Oswald, 1996）但是值得进一步探究的是，尽管实验方法和程序相同，研究 2 未能复制巴特森等（Batson & Ahmad, 2001）的研究结果。

综上所述，类别 2 中的研究采用了几种共情诱导方法。事实证明，在社会困境博弈中，他人的苦难故事外加观点采择指导是促进合作最有效的方式，这为证实在实验室的实验环境中诱导共情的方法有效促进合作决策提供了证据。然而，另一种需要参与者共情故事中人物的共情诱导方法（故事驱动的共情诱导）则被发现会对移情—合作关系产生不稳定的影响。即使同一研究小组采用相同的共情诱导方法（e.g., Oswald, 1996），一项研究发现了积极的结果（Oswald, 1996, 2000），但另一项却没有（Oswald, 2002）。

3.3.3　类别 3：合作（自变量）对共情（因变量）的影响

如表 3.3 所示，探究共情与合作关系的第三种方法是研究合作对共情反应的影响，很明显，这里的合作（在类别 3 中）被称为合作情境，而不是类别 1 和类别 2 的合作意图或合作行为。这里的合作情境指的是双方同时体验合作的情境（Valdesolo & DeSteno, 2011），例如两人一起执行任务（Greitemeyer, 2013），或者让参与者想象与另一个个体的积极互动或身体接触（Kuchenbrandt, Eyssel & Seidel, 2013）。

类别 3 的大多数研究报告显示，在合作情境或想象合作接触情境中，人们表现出更强的共情反应（Lanzetta & Englis, 1989），这是通过自主反应或自我报告索引的（Balconi & Bortolotti, 2012a, 2012b; Balconi, Bortolotti & Crivelli, 2013）。对自我报告的共情进行测量的研究发现，与中性或不合作的情境相比，合作情境下的共情反应更大（Behrends, Muller & Dziobek, 2012）。

有学者（Balconi and Bortolotti, 2012a; 2012b）以及巴尔科尼等（2013）测量了四种自主反应：通过皱肌目视肌和颧大肌传达出的面部表情，皮肤电反应，以及心率。在这两项研究中对合作情境的控制是通过两名演员拍摄的录像来操控的，录像中一名男大学生和一名女大学生在一间实验室里相邻而坐，他们的不同情绪反应控制了合作情境。在合作情境下，参与者微笑着，很开心，而在中性情绪条件下，参与者在整个互动过程中都保持着中性的表情。两项研究都发现，合作情境比中性情境更能引发共情反应，比如面部肌肉运动的活跃性增强，尤其是颧大肌的主要肌肉运动。颧大肌的主要肌肉运动的活动被发现是一个有效的衡量对于外部刺激（如观看他人的合作互动）的共情反应的指标。此外，库布兰特等（Kuchenbrandt et al., 2013）采用中性想象、积极想象和合作想象三种条件进行了研究。这项研究旨在提供证据，以证明人们的反应是由于积极的情绪，而不是合作意识。在中性想象条件下，研究人员向参与者简要描述了他们与一位正在教室里找座位的陌生人接触的情景；在积极想象的情况下，他们使用了相同的描述和更多关于愉快和有趣的信息来指定对话的语气；在合作想象条件下，描述的内容是在同一情景下参与者和陌生人共同决定从教室中获得座位。研究发现，合作想象条件比积极想象条件和中性想象条件更能激发共情；这是通过呈现由印象与感觉问卷中的 15 个情感词索引得到的（Batson, 1991; Batson & Moran, 1999）。这些发现表明，一般来说，当处于一个微笑的互动场景或一个有共同目标的情境中时，个体表现出更多的共情反应，包括非言语的无意识反应、自我报告的共情印象和合作情境中的感受。

然而，需要指出的重要一点是，当考虑到共情能力的个体差异时，就能更清楚地理解那些观察到的合作互动的影响。比如，巴尔科尼等（Balconi and Bortolotti, 2012b）发现只有通过平衡情感共情量表（Mehrabian & Epstein, 1972）后被测为高行为激活系统的受试者，在看到积极的合作情境时，他们的反应和共情更强。

表 3.3　类别 3 中包含的研究：合作对共情的影响（$C \rightarrow E$）（$n = 10$）

研究学者	N	样本中女性所占百分比	对合作的操纵（自变量）	对共情的测量（因变量）	对合作和共情的影响
Barnett, et al.（1985）	72	50	卓越的人际问题解决和帮助技巧 V S 卓越的物体知觉技巧	一名女大学生向一位看不见的治疗师描述一个严重的个人问题的 6 分钟录像，采用巴特森等（1983）的情绪反应问卷，（14 个形容词，6 个表示同感，8 个表示悲伤）	+
Lanzetta & Englis（1989）	40	30	合作期望（协变量：微笑）与协变量表达结果和观察者结果相匹配	自主唤醒的 SCR 和 HR 测量；来自 4 个面部肌肉区域的 EMG 数据	+
Likowski, et al.（2011）	77	100	操纵情境（合作情境）：如果双方在一定数量的回合后得分之和超过一定的数值，双方都将获胜；如果两名球员的得分之和不超过这个值，两名球员都将输掉比赛	认知共情："在眼睛测试中读心"（Baron-Cohen, Wheel-wright, Hill, Raste, Plumb, 2001）	+
Valdesolo & DeSteno（2011）	69	NG	绿色和红色任务（同步）	使用 7 点反应量表的对三项内容进行测量：（a）对受害者的移情，（b）对受害者感到遗憾，（c）对受害者的同情	+
Balconi & Bortolotti（2012）	35	49	呈现人际场景类型：两位演员在合作的场景中微笑和开心的表情	自主行为（SCR，HR）；个人对共情量表（BEES）的反应、对接近 — 退缩态度（BIS/BAS）的反应；口头自我报告的测量	+
Balconi & Bortolotti（2012）	35	52	通过微笑和快乐的表情创造出一个合作场景	口头自我报告的测量（共情反应、情感参与、情感意义和效价）；自主反应（面部表情 — 皱眉肌和颧大肌、SCR 和 HR）	+

续表

研究学者	N	样本中女性所占百分比	对合作的操纵（自变量）	对共情的测量（因变量）	对合作和共情的影响
Balconi, Bortolotti, & Crivelli. (2013)	35	52	通过微笑和快乐的表情创造出一个合作场景	BEES	+
Kuchenbrandt, Eyssel & Seidel (2013)	87	52	操纵想象中的合作接触	包含 15 个情感词汇的清单 (Batson, 1991)	+
Greitemeyer (2013) Study1	109	68	合作玩电子游戏：两名参与者	参与者感到移情、温暖、同情、软心肠和温柔的程度（Batson et al.,）	+
Study2	85	77	作为一个团队的成员一起工作	一个关于住在孟加拉国的妇女和她的四个孩子的故事。孩子们的父亲一年前死于一场与工作有关的事故。家里最大的孩子（8岁）因为交不起学费而不得不辍学	+
Stellar et al. (2014) Study 1	90	55	一个或自私，或合作，或受控制的目标透露了一段时间由于祖父母的死亡产生的痛苦	看关于祖父之死的视频。12 种情绪的测量（10 点李克特量表：1 我完全没有这种感觉；10 我非常有这种感受）。	+
Study2	136	49	同上	面对面的互动；讲述家犬去世的故事	+

注. 表 3.3 中提到的所有参考文献都是按出版年份排列的。此外，IRI：人际反应指数（Davis, 1983）；MET-CORE：多面共情测试（Dziobek et al., 2008）；MASC：用以评估社会认知的电影（Dziobek, et al., 2006）；BEES：平衡后的情感共情量表（Mehrabian & Epstein, 1972）；SCR：皮肤导电性；HR：心率；颧骨反应：颧骨大肌对外界刺激作出愉快的反应，作为衡量共情的有效指标；NG：未给出。报告的调查结果根据以下简单的标准进行标注：+：正效应；0：中性作用；−：负效应。此处 C3 指的是自变量（合作）对因变量（共情）的总体影响。

综上所述，类别 3 的研究通过衡量身体反应（如心率、皮肤电反应和肌肉运动）和/或自我报告来衡量和考察了合作（合作情境）对共情反应的影响。总体来说，这类操控发现，在大多数情况下，情境中的合作越多、互动越积极，就越有可能导致更强的共情反应，但这受到共情的人格特质的影响。

3.4 讨　　论

这篇系统性综述全面地考察了研究共情和合作之间关系的方法，以及基于不同方法研究这种关系的本质。总而言之，有三类研究。第一类探讨了信度与混合结果的相关性。第二类考察了共情诱导对合作的作用，有证据表明，在囚徒困境任务中，诱导他人产生的情感和感受（包括移情、同情或遗憾）会对合作行为产生相对较高并且稳定的积极影响。第三类研究表明，操纵可观察到的合作情境，或让个体参与其中，可以影响个体的共情反应。更确切地说，这是针对那些对外界刺激表现出更多的共情生理反应（例如，增加面部肌肉运动）的个体而言的。

虽然有证据表明，共情和合作之间存在着某种积极的联系，但本系统性综述也表明，无论研究属于三类中的哪一类，共情和合作之间联系的可靠性都不是绝对的。其中的原因需要进一步讨论。对共情与合作之间混合而不稳定的联系的解释可能是由于在每种现象中所提出的定义类型不同而导致的。关于共情的定义，在一些文章中，共情被称为心理理论（Paal & Bereczkei, 2007）或观点采择（Oswald, 2000）；而在其他一些文章中，共情被称为移情（Eimontaite et al., 2013）或共情关注（McGinley et al., 2009）。如果对一个正在研究的概念（共情）没有一个清晰的心理学理解，研究人员不可能很好地理解其与合作之间的关系。此外，合作的定义同样存在一些问题，在一些情况下，合作被认为是亲社会的同义词。我们在数据库中进行初步搜索时，只包括自称“在研究合作”的研究。然而，令人关注的是，许多研究把合作看作亲社会。从行为的角度来看，合作和亲社会似乎是一回事，因为两者都涉及对他人做好事。然而，如果考虑到合作背后的动机，以及亲社会的许多形式（即助人、分享），那么这些概念并不完全相同，应该在概念上加以区分，并以不同的方式操作。如果没有明确说明是什么构成了合作，以及它与其他亲社会形式的不同之处，困惑就会保留并使得推断共情与合作之间的确切联系变得越来越困难。

3.4.1 共情的定义

类别 2 的大多数研究认为，共情是“以他人为导向”的感情的或情感的反应，包括同情、移情、遗憾和悲伤。这种情绪的产生是由于参与者在观察另一个需要帮助的人时，想象这个人的处境并且关心他们的福利。艾森伯格（Eisenberg, 2000）认为上述由巴特森定义的共情的内容应被视为移情。她将共情和移情做了区分，认为共情应被定义为“一种源于理解他人的情绪状态或处境而产生的情感反应，类似于体会另一个人是什么感受或预期会有怎样的感受。例如，当一个女孩看到一个忧伤的同伴，并因此感到难过的时候，这个女孩正在经历共情。移情同样是一种情感反应，源于对他人情绪状态或处境的理解，但这种理解与他人正在体会的感受（或预期的感受）不同，这种理解多是由对他人的悲伤或担忧构成。例如，一个女孩看到了一个忧伤的同伴并对该同伴感到担忧，她正在经历移情”。因此，由于共情与其他概念（如移情）的定义混淆，为了避免误解，在巴特森的著作中（Batson, 2011），所有八种心理状态都被称为共情。为了更好地理解合作和共情之间的联系，明确系统性综述中的研究对共情一词的确切含义是很重要的。如前所述，在系统性综述中所揭示的不一致可能是由于缺乏对实际中正在研究的现象的精确定义。

> （1）了解他人的内心状态，包括他或她的想法和感受；（2）采用被观察对象的态度或者与被观察对象的神经反应相匹配；（3）开始有和别人一样的感觉；（4）设身处地为他人着想；（5）想象他人的想法和感受；（6）想象一个人站在他人的立场上会如何思考和感受；（7）在看到别人受苦时感到痛苦；（8）感受另一个受苦的人的感受，这是一种以他人为导向的情感，由需要帮助的人感受到的利益所引发并与他们的利益相一致（Batson, 2011）。

因此，额外的一栏“共情概念”被添加到了表 3.1 和表 3.2，以检查每一项研究中调查的相应心理状态，然后回头检查系统性综述中包含的那些参考文献中的共情概念。共情的概念部分在参考文献中有明确定义，部分需要根据对共情的描述进行推断。因此，从表 3.1 中可以看出，大多数第一类研究调查了第 8 个共情概念，其余研究调查了第 1、第 3、第 5 和第 7 个概念。第二类研究调查了共情的第 6 和第 8 个概念。很明显，关于共情概念的研究之间存在着很大的差异，然而，即使考虑到不同的概念，这也不能解释差异。在其他可能导致这种混合结果的变量中；合作的确切含义似乎是最有可能的，这将在下一节中进行介绍。

3.4.2　合作的定义

虽然在系统性综述的选择性标准中搜索关键词时限定只采用了“合作”一词，但仔细阅读这些研究，如表 3.2 所示，却表明有些研究正在调查其他类型的亲社会行为，这些行为本身可能并不被具体视为合作；例如，助人行为（Allsop et al., 2002; Cialdini et al., 1987; Fultz et al., 1986; Oswald, 1996, 2002; Pavey et al., 2012; Sturmer et al., n.d.）和利他分享行为（Warren & Walker, 1991），这些行为与合作相似但并不完全等同（Batson & Moran, 1999; Eimontaite et al., 2013; Rumble et al., 2010; Xu et al., 2012）。同样的问题也适用于分类为类别 1 的研究。类别 1 和类别 2 的证据将合作视为合作意向或行为，而类别 3 的研究则将合作视为合作情境。类别 3 的研究结果通常并不会被认为可以很大程度地有助于我们对共情与合作之间的关系的理解，因为合作情境只是通过想象积极的人际接触或经历同步来操纵的。这与将在稍后定义的合作的一般定义有很大的不同。但是，类别 3 下的研究仍然是理解共情与合作之间关系的概念的一个重要和关键部分。尽管类别 3 研究很重要，但类别 1 和类别 2 的研究是研究学者关注的核心、感兴趣的地方，因为这两类所研究的合作任务被视为更典型的合作行为。

如前所述，系统性综述揭示的第二个问题是合作（Eisenberg, Miller, et al., 1989）。利他行为是那些由他人导向的意图或道德关注和共情驱动的亲社会行为（Eisenberg, 1986），有时以牺牲自己的利益为代价；尽管并非所有的亲社会行为都是利他行为。利他主义是一种以增加他人福利为最终目标的动机状态，但巴特森认为，利他主义并不一定需要自我牺牲。利己主义是一种动机状态，其最终目标是增加自己的福利（Batson, 1991）。因此，亲社会行为可能会导致同样的结果，但关键的是，这些行为的潜在动机既可以是利他的，也可以是利己的。

一般来说，合作倾向于根据群体成员之间的关系来定义。一种方法是关注个体在群体中的角色。如果从个体在群体中的视角来定义，合作行为是指往往以牺牲个体利益为代价的有利于群体或集体的行为（Irwin et al., 2008）。例如辛德等（Hinde and Groebel, 1991）将合作称为“旨在以牺牲个人利益为代价而使群体受益的行为”。另一种方法中定义合作行为是关注相关各方（即个人、群体、机构）之间的关系，比如以参与者获得相同回报为目标的共同行为（Marwell & Schmitt, 1975）。如果从个人之间关系的角度来考虑合作，那么合作应该被称为拥有共同目标的行为。在理想情况下，两个人在共同目标的指导下扮演相互依赖的角色（一个人的行为会影响另一个人的得失）。此外，它们还具有相互支持实现这一目标的行动的动机；这总是涉及具有共同目标和共同意图的活动（Derlega & Grzelak, 1982; Liebal, Colombi, Rogers, Warneken & Tomasello, 2008; Warneken & Tomasello, 2007）。然而，也有着这样一种可能性，共同的行为是基于利己动机；因为即使目标是共同的，也没有必要有一个共同可能的动机。在这个合作的定义中，这个关键特征是个体之间的关系是相互依赖的。

基于个体与群体关系和相对收益的区别，应该考虑基于双方关系的帮助与合作的区别（Derlega & Grzelak, 1982; Marwell & Schmitt, 1975）。助人行为被认为是一种助人者必须理解他人未实现的目标和意图的行为。如果助人行为的动机是利他主义，那么这将是当一个人被指示执行一个自愿的行动时，在这种情况下，受助者依赖于助人者。德勒格等（Derlega and Grzelak, 1982）认为把助人行为从合作行为中区分出来的是共同的决定成本和收益，而不是依赖关系的性质。合作行为包括共同受益（物质/外部奖励，以区分助人行为和合作行为）和共同成本。相比之下，在帮助他人的情况下，回报是由受助者独自受益的，而成本（和决策控制）是由助人者独自承担的。除了助人行为，合作也与分享相混淆，但这也不同于合作。

根据合作和助人的定义，分享被称为利他主义动机下的自愿行为；然而，分享者不需要了解对方的目标和意图，而应该在合作的情况下了解。表 3.4 呈现了合作、助人和分享的概念上的区分。从行为角度来看，分享、助人和合作都是“取走”行为（Komorita & Parks, 1994）。

表 3.4　合作、助人、分享概念的区分

概念	行为	认知过程	激励	相互之间的关系
合作	给予和获得	1. 双方彼此知道对方的意图和目标 2. 双方都知道，他们将从共同的目标中获益	自我关注/利己主义；利他主义	相互依存
助人	给予，并且有可能获得	1. 助人者了解受助者未完成的任务 2. 助人者知道受助者的需求	其他的关注	受助者依赖于助人者
分享	给予	没有必要理解他人的目标/意图/需求	其他的关注/利他主义	独立

3.4.3　合作的测量

上述已经对合作的概念进行了区分和详细的说明。接下来，将把合作视为因变量，从而对合作的测量方法进行讨论。这些研究包括了使用经典的社会困境（Dawes, 1980），以及其他涉及使用自我报告的问卷调查等研究方法，如表 3.5 所示。最广泛使用的行为范式是在社会困境领域，包括囚徒困境及其变式（Batson & Ahmad, 2001; Batson & Moran, 1999; Rumble et al., 2010; Xu et al., 2012），和公共物品问题（Batson et al., 1995）。囚徒困境的经典范式源于囚徒供述的故事。为了检测共情与合作之间的关系，衡量合作的囚徒困境博弈有几种变式，其中一种是同时性囚徒困境的变式（给定的牌）（Batson & Moran, 1999）。在他们的变式中，每个被试收到 3 张牌（2 张 +5 牌和 1 张 −5 牌）。结果有 4 种（+5/+5;+ 5/−5; −5 / + 5; −5/−5），其结果的收益与经典囚徒困境任务的收益矩阵相匹配。在囚徒困境的这种纸牌游戏变体中，合作的操作定义是在每个实验条件下给出 +5 牌。值得提及的是，在范兰格（Van Lange, 1999）提出的囚徒困境的另一个交互范式的变式中，允许被试决定将多少硬币给合作伙伴，这也可以解释为一个方法以研究合作的不同水平。

公共物品问题也有几种变式；以下是其中一个例子（Batson et al., 1995）。最初，每位被试将在 2 个 8 张票的区组内获得 16 张彩票；每张彩票都有机会在中奖者选择的商店中赢得 30 美元的礼券。对于每个区组，被试可以为自己保留 8 张票（全部保留或全部不保留），也可以给其他被试，或者给整个团队。此外，他们还被告知，他们得到的彩票越多；他们赢得礼券的机会越大。被试会玩这个游戏，然后

表 3.5　合作行为的测量方法及其与合作行为定义的函数关系

条件	测量方法	测量内容
1.（一个组的组间）	公共物品问题（Batson, et al., 1995）	合作行为
2.（两组）	囚徒困境（Van Lange，Ouwerkerk，Tazelaar，2002）；最后通牒游戏（Sally & Hill，2006）；	合作行为
1&2（一个组的组间和两组）	Cloninger 的气质性格量表中的社会合作分量表（Cloninger，Przybeck，Svrakic，1994；Paal & Bereczkei，2007）；组织公民行为（Smith，Organ，Near，1983）	合作意向

简单地被告知他或她收到的最终彩票数量，但不知道其他参与者的个人分配决定。如果把票分给整个组，这些票就会额外得到 50%，然后平均分配给每个被试。在这个实验环境中，参与者被置于自身利益、其他利益和集体利益的冲突中。根据合作的第一个定义可知，合作是指个人利益与集体利益之间的冲突。因此，合作的操作性定义是将抽奖券赠送给群体。

因此合作行为被定义为有利于群体或集体的行为，通常以牺牲个人的利益为代价。这一视角是对团队内部合作的衡量，其常用的测量方法是公共物品问题和共同资源范式。或者，还有另一种观点认为合作是一种联合行为，其目标是被试获得相同的回报（Marwell & Schmitt, 1975）。这种合作的定义更有可能衡量双人合作，最常见的衡量方式是囚徒困境和最后通牒游戏。囚徒困境研究双人合作，公共物品问题检验多人合作。综上所述，社会困境任务是衡量成年人合作行为的主要测量方法。社会困境任务一般要求参与者在情景中做出决策，通常这个决策与收益是相关联的；而自我报告问卷（如 Cloninger的气质人格影响社会合作的量表和组织公民行为问卷）是基于被试的自我报告，这种报告缺乏真实的代价。在这种情况下，合作的测量是合作意愿，正如表 3.5 所示。

这里讨论的主要重点是属于类别 1 和类别 2 的研究，其中关于研究合作的方法和合作的定义有一些重叠。类别 3 的研究与其他两类的研究大不相同，因为它涉及的是合作情境的操纵，而不是合作行为本身的衡量标准。因此，类别 3 没有进一步讨论合作的测量方法虽然这类研究所采取的研究方法提供了一种新视角来检测共情与合作之间关系。

考虑不同的概念性问题的共情与合作, 以及合作测量方法, 值得强调的是，现在值得考虑的是一个可能的解释的混合结果的研究，包括系统性综述。因此，合作与其他类型的亲社会行为的区别和理解共情的心理概念（总共八个概念），有证据表明，对于类别 1 研究，共情—合作关系（1- C）（Paal & Bereczkei, 2007）和共情—助人行为关系（8-H）（Eisenberg, Fabes, et al., 1989; Eisenberg, Miller, et al., 1989）是积极的，但共情 — 分享（1-S）（Edele et al., 2013）是混合的。对于类别 2 的研究，共情—合作关系（8-C）（Batson & Moran, 1999; Rumble et al., 2010）和共情—助人行为关系（8-H; 6-H）（Fultz et al., 1986; Oswald, 2000）被发现是积极的，但共情—分享关系（6-S）（Warren & Walker, 1991）不是积极的。简而言之，类别 1 探讨了共情与合作之间的关系，发现真正的合作与共情之间存在稳定的正相关关系，而不是其他类型的亲社会行为，共情是“了解他人的内心状态，包括他或她的想法和感受”。此外，当共情指的是“感受另一个受苦的人的感觉”时，还发现了另一种稳定的共情—合作关系。这是另一种情感导向，由需要帮助的人所感知到的幸福所激发，并与之一致。

本系统性综述的局限性在于只包括英文出版物，同时也不包括那些未发表的实证数据（Rothstein, Sutton, & Borenstein, 2006）。此外，在检索数据库时，只使用了“共情”和“合作”作为关键词。更广泛的搜索，包括“共情”“移情”和“换位思考”等词汇，可能有助于获得更全面和完整的研究; 然而，如此广泛的搜索将增加已经存在的关于共情和合作的概念问题。尽管存在这些局限性，本系统性综述仍然对旨在探索共情与合作之间关系的证据进行了评估，并强调需要做更多的工作来确定共情与合作之间精确关系的可靠性。具体来说，系统的审查有助于区分这些形式的亲社会行为，并指出目前混合使用的相关概念（如亲社会、合作和帮助）。这应该突出研究人员的作用，他们需要更加谨慎地在未来的研究中确定关于他们正在调查的共情与合作的概念。更重要的是，通过实验设计，这些概念需要仔细区分，以促进发展更好的理论。例如，分别单独测量合作和助人，并通过为双方操纵信息（即所揭示的内容），以及从相互依赖/依赖关系的角度考虑囚徒困境的结构，将有可能改进目前的实证工作。此外, 使用各种措施的共情和合作在一个单一的研究中将不仅有助于测量在公共物品问题中共情在合作上的作用，而且有助于衡量合作意向依赖的其他措施, 例如, Cloninger的气质性格量表中的社会合作分量表（Cloninger, Przybeck & Svrakic, 1994）。

如前所述，到目前为止，还没有对旨在研究共情与合作关系的不同研究方法进行研究。这里的目的是突出关键的发现，并显示进一步富有成果的研究领域，提出概念上的争议。

3.5　结论以及对未来研究的影响

由共情与合所作构成的两个最具有研究价值的社会和行为科学研究的主题，其发展横跨超过五年的理论和研究。尽管有这些长期的努力，一个对共情与合作理论至关重要的关键问题还没有得到充分的回答，那就是: 共情与合作之间的关系是什么? 到目前为止，除了提出的综述外，还没有系统的综述（或元分析），能够巩固研究见解来回答这个关键问题。

本章参考文献

Allsop, K., Fifield, K., Seiter, J. S. (2002). Empathy and generalized reciprocity in compliance with requests for help. Psychological Reports, 91(1), 241-242. doi: 10.2466/pr0.2002.91.1.241

Balconi, M., Bortolotti, A. (2012a). Empathy in cooperative versus non-cooperative situations: The contribution of self-report measures and autonomic responses. Applied Psychophysiology and Biofeedback, 37(3), 161-9. doi: 10.1007/s10484-012-9188-z

Balconi, M., Bortolotti, A. (2012b). Resonance mechanism in empathic behavior: Bees, bis/bas and psychophysiological contribution. Physiology Behavior, 105(2), 298-304. doi: 10.1016/j.physbeh.2011.08.002

Balconi, M., Bortolotti, A., Crivelli, D. (2013). Self-report measures, facial feedback, and personality differences (bees) in cooperative vs. noncooperative situations: Contribution of the mimic system to the sense of empathy. International Journal of Psychology, 48(4), 631-640. doi: 10.1080/00207594.2012.682062

Balliet, D., Van Lange, P. A. M. (2013a). Trust, conflict, and cooperation: A metaanalysis. Psychological Bulletin, 139(5), 1090-1112. doi: 10.1037/a0030939

Balliet, D., Van Lange, P. A. M. (2013b). Trust, punishment, and cooperation across 18 societies: A meta-analysis. Perspectives on Psychological Science, 8(4), 363-379. doi: 10.1177/1745691613488533

Batson, C. D. (1991). The altruism question: Toward a social psychological answer. New York: Lawrence Erlbaum.

Batson, C. D. (2011). Altruism in humans. New York: Oxford University Press.

Batson, C. D., Ahmad, N. (2001). Empathy-induced altruism in a prisoner's dilemma ii: What if the target of empathy has defected? European Journal of Social Psychology, 31(1), 25-36. doi: 10.1002/ejsp.26

Batson, C. D., Ahmad, N., Yin, J., Bedell, S. J., Johnson, J. W., Templin, C. M., Whiteside, A. (1999). Two threats to the common good: Self-interested egoism and empathy-induced altruism. Personality and Social Psychology Bulletin, 25(1), 3-16. doi: 10.1177/0146167299025001001

Batson, C. D., Batson, J. G., Todd, R., Brummett, B., Shaw, L., Aldeguer, C. (1995). Empathy and the collective good: Caring for one of the others in a social dilemma. Journal of Personality and Social Psychology, 68(4), 619-631. doi: 10.1037/0022-3514.68.4.619

Batson, C. D., Moran, T. (1999). Empathy-induced altruism in a prisoner's dilemma. European Journal of Social Psychology, 29(7), 909-924. doi: 10.1002/(SICI)1099-0992(199911)29:7<909::AID-EJSP965>3.0.CO;2-L

Behrends, A., Muller, S., Dziobek, I. (2012). Moving in and out of synchrony: A concept for a new intervention fostering empathy through interactional movement and dance. The Arts in Psychotherapy, 39(2), 107-116. doi: 10.1016/j.aip.2012.02.003

Cialdini, R. B., Schaller, M., Houlihan, D., Arps, K., Fultz, J., Beaman, A. L. (1987). Empathy-based helping: Is it selflessly or selfishly motivated? Journal of Personality and Social Psychology, 52(4), 749-758. doi: 10.1037//0022-3514.52.4.749

Cloninger, C. R., Przybeck, T. R., Svrakic, D. M. (1994). The temperament and character inventory (tci): A guide to its development and use. In Center for psychobiology of personality.

Colman, A. M. (2003). Cooperation, psychological game theory, and limitations of rationality in social interaction. Behavioral and Brain Sciences, 26(2), 139-153. doi: 10.1017/S0140525X03000050

Dawes, R. M. (1980). Social dilemmas. Annual Review of Psychology, 31(1), 169-193. doi: 10.1146/annurev.ps.31.020180.001125

De Dreu, C. K. W. (2013). Human cooperation: Challenges for science and practice. Psychological Science in the Public Interest, 14(3), 117-118. doi: 10.1177/1529100613496959

Derlega, V. J., Grzelak, J. (1982). Cooperation and helping behavior: Theories and research. New York: Academic press.

Edele, A., Dziobek, I., Keller, M. (2013). Explaining altruistic sharing in the dictator game: The role of affective empathy, cognitive empathy, and justice sensitivity. Learning and Individual Differences, 24, 96-102. doi: 10.1016/j.lindif.2012.12.020

Eimontaite, I., Nicolle, A., Schindler, I., Goel, V. (2013). The effect of partner-directed emotion in social exchange decision-making. Frontiers in Psychology, 4, 1-11. doi: 10.3389/fpsyg.2013.00469

Eisenberg, N. (1986). Altruistic emotion, cognition, and behavior. New York: Psychology Press.

Eisenberg, N. (2000). Emotion, regulation, and moral development. Annual Review of Psychology, 51, 665-697. doi: 10.1146/annurev.psych.51.1.665

Eisenberg, N., Fabes, R. A., Miller, P. A., Fultz, J., Shell, R., Mathy, R. M., Reno, R. R. (1989). Relation of sympathy and personal distress to prosocial behavior: A multimethod study. Journal of Personality and Social Psychology, 57(1), 55-66. doi: 10.1037/0022-3514.57.1.55

Eisenberg, N., Miller, P. A. (1987). The relation of empathy to prosocial and related behaviors. Psychological Bulletin, 101(1), 91-119. doi: 10.1037/0033-2909.101.1.91

Eisenberg, N., Miller, P. A., Schaller, M., Fabes, R. A., Fultz, J., Shell, R., Shea, C. L. (1989). The role of sympathy and altruistic personality traits in helping: A reexamination. Journal of Personality, 57(1), 41-67. doi: 10.1111/j.1467-6494.1989.tb00760.x

Fehr, E., Schmidt, K. M. (2000). Theories of fairness and reciprocity-evidence and economic applications.

Fultz, J., Batson, C. D., Fortenbach, V. A., McCarthy, P. M., Varney, L. L. (1986). Social evaluation and the empathy altruism hypothesis. Journal of Personality and Social Psychology, 50(4), 761-769. (Times Cited: 63) doi: 10.1037//0022-3514.50.4.761

Greitemeyer, T. (2009). Effects of songs with prosocial lyrics on prosocial behavior: Further evidence and a mediating mechanism. Personality and Social Psychology Bulletin, 35(11), 1500-1511. doi: 10.1177/0146167209341648

Greitemeyer, T. (2013). Playing video games cooperatively increases empathic concern. Social Psychology, 44(6), 408-413. doi: 10.1027/1864-9335/a000154

Hinde, R. A., Groebel, J. (1991). Cooperation and prosocial behaviour. New York: Cambridge University Press.

Irwin, K., McGrimmon, T., Simpson, B. (2008). Sympathy and social order. Social Psychology Quarterly, 71(4), 379-397. doi: 10.1177/019027250807100406

Kollock, P. (1998). Social dilemmas: The anatomy of cooperation. Annual Review of Sociology, 24, 183-214. doi: 10.1146/annurev.soc.24.1.183

Komorita, S. S., Parks, C. D. (1994). Social dilemmas. England: Brown Benchmark.

Koschate, M., Oethinger, S., Kuchenbrandt, D., Dick, R. (2012). Is an outgroup member in need a friend indeed? personal and task-oriented contact as predictors of intergroup prosocial behavior. European Journal of Social Psychology, 42(6), 717-728. doi: 10.1002/ejsp.1879

Krebs, D. (1975). Empathy and altruism. Journal of personality and social psychology, 32(6), 1134-1146. doi: 10.1037/0022-3514.32.6.1134

Kuchenbrandt, D., Eyssel, F., Seidel, S. K. (2013). Cooperation makes it happen: Imagined intergroup cooperation enhances the positive effects of imagined contact. Group Processes Intergroup Relations, 16(5), 635-647. doi: 10.1177/1368430212470172

Lanzetta, J. T., Englis, B. G. (1989). Expectations of cooperation and competition and their effects on observers' vicarious emotional responses. Journal of Personality and Social Psychology, 56(4), 543-554. doi: 10.1037/0022-3514.56.4.543

Liebal, K., Colombi, C., Rogers, S. J., Warneken, F., Tomasello, M. (2008). Helping and cooperation in children with autism. Journal of Autism and Developmental Disorders, 38(2), 224-38. doi: 10.1007/s10803-007-0381-5

MacKinnon, D. P., Fairchild, A. J., Fritz, M. S. (2007). Mediation analysis. Annual Review of Psychology, 58, 593-614. doi: 10.1146/annurev.psych.58.110405.085542

Maner, J. K., Gailliot, M. T. (2007). Altruism and egoism: Prosocial motivations for helping depend on relationship context. European Journal of Social Psychology, 37(2), 347-358. doi: 10.1002/ejsp.364

Marks, E. L., Penner, L. A., Stone, A. V. (1982). Helping as a function of empathic responses and sociopathy. Journal of Research in Personality, 16(1), 1-20. doi: 10.1016/0092-6566(82)90036-8

Marwell, G., Schmitt, D. R. (1975). Cooperation: An experimental analysis. New York: Academic Press.

McGinley, M., Carlo, G., Crockett, L. J., Raffaelli, M., Torres Stone, R. A., Iturbide, M. I. (2009). Stressed and helping: The relations among acculturative stress, gender, and prosocial tendencies in mexican americans. The Journal of Social Psychology, 150(1), 34-56. doi: 10.1080/00224540903365323

Mehrabian, A., Epstein, N. (1972). A measure of emotional empathy. Journal of Personality, 40(4), 525-543. doi: 10.1111/j.1467-6494.1972.tb00078.x

Moher, D., Liberati, A., Tetzlaff, J., Altman, D. G., Group, P. (2009). Preferred reporting items for systematic reviews and meta-analyses: The prisma statement. Annals of Internal Medicine, 151(4), 264-269. doi: 10.7326/0003-4819-151-4-200908180-00135

Moher, D., Shamseer, L., Clarke, M., Ghersi, D., Liberati, A., Petticrew, M., ··· *Stewart, L. A.* (2015). Preferred reporting items for systematic review and meta- analysis protocols (prisma-p) 2015 statement. Systematic Review, 4(1), 1-9. doi: 10.1186/2046-4053-4-1

Oswald, P. A. (1996). The effects of cognitive and affective perspective taking on empathic concern and altruistic helping. The Journal of Social Psychology, 136(5), 613-623. doi: 10.1080/00224545.1996.9714045

Oswald, P. A. (2000). Subtle sex bias in empathy and helping behavior. Psychological Reports, 87(2), 545-551. doi: 10.2466/pr0.2000.87.2.545

Oswald, P. A. (2002). The interactive effects of affective demeanor, cognitive processes, and perspective-taking focus on helping behavior. The Journal of Social Psychology, 142(1), 120-132. doi: 10.1080/00224540209603890

Paal, T., Bereczkei, T. (2007). Adult theory of mind, cooperation, machiavellianism: The effect of mindreading on social relations. Personality and Individual Differences, 43(3), 541-551. doi: 10.1016/j.paid.2006.12.021

Pavey, L., Greitemeyer, T., Sparks, P. (2012). "i help because i want to, not because you tell me to": Empathy increases autonomously motivated helping. Personality and Social Psychology Bulletin, 38(5), 681-689. doi: 10.1177/0146167211435940

Petticrew, M., Roberts, H. (2008). Systematic reviews in the social sciences: A practical guide. UK: Blackwell Publishing Ltd.

Rothstein, H. R., Sutton, A. J., Borenstein, M. (2006). Publication bias in meta-analysis: Prevention, assessment and adjustments. England: John Wiley Sons, Ltd.

Rucker, D. D., Preacher, J., Kristopher, Tormala, Z. L., Pettey, R. E. (2011). Mediation analysis in social psychology: Current practices and new recommendations. Social and Personality Psychology Compass, 5(6), 359-371. doi: 10.1111/j.1751-9004.2011.00355.x

Rumble, A. C., Van Lange, P. A. M., Parks, C. D. (2010). The benefits of empathy: When empathy may sustain cooperation in social dilemmas. European Journal of Social Psychology, 40(5), 856-866. Retrieved from http://dx.doi.org/10.1002/ejsp.659 doi: 10.1002/ejsp.659

Sachs, J. L., Mueller, U. G., Wilcox, T. P., Bull, J. J. (2004). The evolution of cooperation. The Quarterly Review of Biology, 79(2), 135-160. doi: 10.1086/383541

Sturmer, S., Snyder, M., Kropp, A., Siem, B. (n.d.). Empathy-motivated helping: The moderating role of group membership. Personality and Social Psychology Bulletin.

Underwood, B., Moore, B. (1982). Perspective-taking and altruism. Psychological Bulletin, 91(1), 143-173. doi: 10.1037/0033-2909.91.1.143

Vachon, D., Lynam, D., Johnson, J. (2014). The (non)relation between empathy and aggression: Surprising results from a meta-analysis. Psychological Bulletin, 140(3), 751-773. doi: 10.1037/a0035236

Valdesolo, P., DeSteno, D. (2011). Synchrony and the social tuning of compassion. Emotion, 11(2), 262-266. doi: 10.1037/a0021302

Van Lange, P. A. M. (1999). The pursuit of joint outcomes and equality in outcomes: An integrative model of social value orientation. Journal of Personality and Social Psychology, 77(2), 337-349. doi: 10.1037/0022-3514.77.2.337

Van Lange, P. A. M., Kuhlman, D. M. (1994). Social value orientations and impressions of partner's honesty and intelligence: A test of the might versus morality effect. Journal of Personality and Social Psychology, 67(1), 126-141. doi: 10.1037/0022-3514.67.1.126

Van Lange, P. A. M., Visser, K. (1999). Locomotion in social dilemmas: How people adapt to cooperative, tit-for-tat, and noncooperative partners. Journal of Personality and Social Psychology, 77(4), 762-773. doi: 10.1037/0022-3514.77.4.762

Warneken, F., Tomasello, M. (2007). Helping and cooperation at 14 months of age. Infancy, 11(3), 271-294. doi: 10.1111/j.1532-7078.2007.tb00227.x

Warren, P. E., Walker, I. (1991). Empathy, effectiveness and donations to charity: Social psychology's contribution. British Journal of Social Psychology, 30(4), 325-337. doi: 10.1111/j.2044-8309.1991.tb00949.x

Xu, H., Kou, Y., Zhong, N. (2012). The effect of empathy on cooperation, forgiveness, and "returning good for evil" in the prisoner's dilemma. Public Personnel Management, 41(5), 105-115. doi: 10.1177/009102601204100510

Zelmer, J. (2003). Linear public goods experiments: A meta-analysis. Experimental Economics, 6(3), 299-310. doi: 10.1023/a:1026277420119

第 4 章　实证研究 1：情境性共情与特质性共情对合作行为的影响

关键词

- 特质性共情（dispositional empathy）
- 情境性共情（situational empathy）
- 自恋（narcissism）
- 一报还一报（tit-for-tat）
- 广义的一报还一报（generalized tit-for-tat）
- 人际反应指数（interpersonal reactivity index）
- 观点采择（perspective taking）
- 共情关注（empathic concern）
- 想象力（fantasy）
- 个人悲伤（personal distress）

本章导读

前几章回顾了研究共情与合作之间联系的理论和方法。接下来的第 4 章展示了 4 个实验研究，旨在解决这个项目的主要研究问题："共情对合作的影响是什么？"第 1 项研究具体讨论了以下研究假设。假设 1：将会有共情这一因素的主效应，使得在公共物品问题中贡献的比率将会增加；假设 2：与无共情诱发组相比，共情诱发（高共情组，低共情组）的情况下应当减少"广义的一报还一报策略"的使用；假设 3：个体更高的特质性共情能力的个体会比低特质性共情能力的个体在公共物品问题中有更多的贡献。另外，个体的高特质性自恋与在公共物品问题中的贡献呈负性相关。

第 1 个研究使用了一个典型的线形公共物品问题来检验诱发共情是否会增加合作，以及个体差异（包括特质性共情和自恋）是否能够预测同质性群体的公共物品问题中的合作行为。69 名被试被随机分配到以下组别的其中之一：高共情、低共情和无共情。在进行共情诱导操作后，所有参与者完成 10 回合公共物品问题，然后完成人际反应指数（IRI）问卷和自恋人格量表（NPI）。研究 1 的结果表明，共情的诱导并没有增加公共物品问题的贡献，而且，它对所有其他回合的贡献没有影响。此外，特质性共情能力和自恋人格与公共物品问题中的行为无关。然而，年龄（年龄范围从 18 岁到 56 岁）似乎是公共物品问题中合作的预测因子；与年轻人相比，老年人更有可能在公共物品问题中做出更多贡献。本章的其余部分将详细介绍研究本身，包括基本原理、方法和研究结果。

4.1 引　　言

通过实验法中的经济游戏任务，合作行为已经被广泛研究和检验。作为最常见的亲社会行为（Iannotti, 1985），合作是社会心理学中最受关注的行为之一；这主要是因为从个人之间的小规模互动到整个社会之间的宏观互动水平，合作在许多社会交往中至关重要。如“合作的测量”一节所述，大多数心理学家（Batson & Ahmad, 2001; Haselhuhn & Mellers, 2005; Rumble, Van Lange & Parks, 2010; Sanfey, Rilling, Aronson, Nystrom & Cohen, 2003）在调查合作时（就双人的合作而言）使用社会困境，特别是囚徒困境和最后通牒游戏。在某些情况下，使用公共物品问题以及共同资源困境，两者都涉及两个以上的参与者。如章节 1.5 “公共物品问题实验范式及其基本原理”所述，公共物品问题是整个项目中使用的实验范式。据推测，社会困境中的合作行为不但受到情境因素（例如引入收益变化，增加沟通，促进信任）的影响，而且受到特质性因素的影响。为了使本书所述的研究工作与其他相关工作相关，引言从与促进合作相关的一些关于情境的一般细节（例如引入支付变化，增加沟通，促进信任）和特质性因素（例如信任，社会价值取向）开始。本节将先详细介绍研究人员在促进社会困境的合作中所关注的各种其他因素。在随后的部分介绍了本章中具体探讨的情境和特质性因素背后的细节（即诱发共情促进合作，检验人格特质，而这些特征反过来被认为与合作有关）。

4.1.1 促进合作的情境性因素

如章节 1.5“公共物品问题实验范式及其基本原理”中所述，合作面临的最大挑战之一就是“搭便车”现象。“搭便车”通常是指总是支付低于其他人平均贡献的个体。这是一个诱人的策略，因为在支付公共资源的同时支付最少的资金意味着可以通过利用他人的贡献来最大化自己的收益（Kurzban & Houser, 2005）。但是，如果每个人都“搭便车”，公共物品将不复存在。因此，许多研究人员一直有兴趣回答以下问题：“人们可以做些什么来促进和保持合作？”这反过来又意味着限制“搭便车”现象。根据现有文献可知，在社会困境的支付结构的操控以及制裁制度的引入中已经发现了一些对这个问题的一般性答案。这样做的动机是改变成本效益比，使合作更加突出。此外，操纵还侧重于促进沟通，信任和共情作为加强合作的方式，所有这些都被视为关于游戏本身的情境操控。这些因素将在下面讨论。

4.1.1.1 制裁制度

实施制裁制度（合作的奖励和背叛的惩罚，或者对“搭便车”的惩罚）已被证明是促进合作和减少“搭便车”现象的有效方法。例如，使用这种方法被引用最多的研究之一是他们发现惩罚对潜在的“搭便车”者构成了可信的威胁，并导致合作水平大幅提高（惩罚条件下完全合作率为 82.5%，无惩罚条件下为 53%）（Fehr & Gachter, 2000）。塞夫顿等（Sefton, Shupp & Walker, 2007）通过使用筹码（代表金钱，在他们的研究情况下为 10 美分）进入实验来引入奖励，并且发现奖励的实行有效地促进了贡献。一项元分析（Balliet, Li, Macfarlan & Van Vugt, 2011）研究了 187 项研究，这些研究在社会困境中使用了制裁制度，报告了奖励合作和惩罚“搭便车”的有效性，分别为 $d = 0.51$ 和 $d = 0.70$。

然而，制裁制度的执行会产生消极后果。有些人认为，持续的惩罚威胁会导致内部动机的减少，从而导致一致的高度合作（Yamagishi, 1988）。更重要的是，实际执行制裁的成本在社会困境中也被视为不太有吸引力的操纵（Edney & Harper, 1978; Jensen, 2010）。穆德等（Mulder, van Dijk, De Cremer & Wilke, 2006）发现社会困境中的这种制裁制度破坏了游戏中有动力进行合作的其他成员的信任—相信。总的来说，制裁的引入似乎是维持社会困境中合作水平的有效方式，但却以降低社会交往中重要的其他品质为代价，例如帮助他人的信任和内在动机。因此，虽然这是一种可靠的技术，但它确实干扰了被认为在社会交流中不可或缺的核心属性，并且人们可能想知道在出现了更严重的不利影响之前，可以在社会困境中（超过典型的 10 个回合）实施多长时间的制裁。

4.1.1.2 沟通

在社会困境中，实现交流已被发现是促进合作的有效手段（Bixenstine & Douglas, 1967; Rapoport & Suleiman, 1993）。通常，社会困境游戏中的沟通涉及玩家在社交互动任务（与任务相关的沟通）中讨论他们的潜在选择，回答有关他们所获得的最佳礼物的问题（T. R. Cohen, Wildschut & Insko, 2010），或估计在美国某个城镇的某些收入水平的人的百分比（Dawes, McTavish & Shaklee, 1977）（与任务无关的沟通）。沟通不仅是为了直接促进合作，也是为了解决“噪音”带来的不确定性，也就是说，玩家更愿意在社会困境中原谅“噪音”事件（Tazelaar, Van Lange & Ouwerkerk, 2004）。“噪音”指的是人们因错误而在预期和实际行为之间出现差异的现象；例如，想象一下你和朋友见面迟到了，因为你正在使用的公共交通工具有延误，这意味着当你打算准时到达那里时，你被阻止这样做了；这里的沟通可以帮助限制因预期对结果的误解而产生的任何负面后果，而不是通过偶然/错误。然而，研究并未表明所有类型的交流都能提高社会困境中的合作率（Dawes et al., 1977）。似乎至关重要的是，这些游戏中玩家之间的沟通需要通过激活与公平和信任相关的人际规范来促进合作（T. R. Cohen et al., 2010）。这已经在社会困境中作为单一试验互动（Insko et al., 1993）或重复回合（Wichman, 1970）显示出来。此外，一项元分析（Balliet, 2010）系统地分析了来自 45 项实证研究的积极的沟通—合作关联（$d = 1.01$），同时考虑了几种调节因素（例如，沟通类型，之前在困境期间的讨论和群体规模）。元分析显示，通过言语交流在促进合作方面比书面形式方面更有效。有趣的是，如果在社会困境之前或游戏期间建立了沟通，合作率没有差异，但重要的是在较大的群体（$n > 2$）中存在比在较小群体（$n = 2$）中更强的沟通－合作关联。

总而言之，沟通本身并不是促进合作的关键。相反，似乎只有当沟通内容专注于社会困境，并且在特定媒介中呈现时，合作程度才与沟通有关。为了确保最高水平的合作，最有效的操作要求通过语音进行通信，并设计用于发出有关意图的信息。这也可能与制裁的有效性有关，制裁也是在困境任务的社会交换中发出被认为是最相关行为的信号的手段。

4.1.1.3 信任

除了使用制裁制度或引入与其他参与者沟通的机会之外，信任建设（Balliet & Van Lange, 2013b; De Cremer, 1999; Parks, Joireman & Van Lange, 2013）是另一个被用来加强合作的关键因素，特别是在混合动机的情况下。社会困境就是这方面的一个例子，因为人们可以被激励合作或背叛（即“搭便车”）。根据麦尔等（Mayer, Davis & Schoorman, 1995）的说法，信任是“一方愿意受到另一方行为的影响，基于另一方对信任者采取特别重要的行动的期望，不论另一方监视或控制的能力”。

对社会困境的研究表明，信任会影响对另一个人动机的期望（De Cremer, 1999），并且再次与沟通有某种联系——因为动机和意图的信号对于其他人来说是至关重要的，以确定他们的回报程度。更重要的是，信任被认为以两种方式影响合作决策:（1）情境线索（即通过诱导）；（2）个体差异（即特质性）——细节将在“特质性信任”中讨论。虽然难以诱发（通常是建立互惠，并且最初愿意合作——这反过来向其他人发出良好的意图），但是似乎很明显，信任是促进合作的有力工具，因为它减少了被他人利用的恐惧（Komorita & Parks, 1994）。德克雷默（De Cremer, 1999）提出了经验证据，表明当球员信任其他球员时，对“搭便车”的恐惧减少，公共物品问题中的互惠性得到加强。实际上，在游戏中建立信任的做法是强烈地强化对玩家群体中公平性的看法（Buchan et al., 2011; T. R. Cohen & Insko, 2008）。

4.1.2　影响合作的特质性因素

4.1.2.1　特质性信任

除了在社会困境中突出建立信任之外，研究人员还研究了人们表现出高水平人格特质，如信任（特质性信任），与合作决策相关的程度（Deutsch, 1973）。一些研究表明，在社会困境游戏中，无论其他人是否合作，高信任者（期望互惠）都会合作，并且倾向于比低信任者更多地进行合作。关于公共物品问题，研究表明，使用 Yamagishi 的信任量表（Parks & Hulbert, 1995; Yamagishi, 1988; Yamagishi & Sato, 1986）测量时，在特质性信任上得分较高的人在公共物品问题中的贡献大于在特质性信任上得分较低的人。尽管如此，德克雷默等（De Cremer, Snyder, and Dewitte, 2001）指出，特质性信任与合作之间的积极关系应该考虑情境线索和个体特质，特别是问责制和自我监督。换句话说，表现出高水平自我监督的人可能是低信任者，他们反过来关注自己行为的责任，因此他们对如何被感知的关注意味着他们表现出高水平的合作，即使他们在特质性信任方面得分较低。范兰格等（Balliet & Van Lange, 2013a）对信任（包括情境和特质）与合作之间的关系进行了元分析。结果显示，基于总共 60 个效应值，在处置信任与合作之间仅存在小到中度的正相关（$r = 0.26$）。然而，他们的分析受到了批评，元分析报告的积极联系被认为是出现偏差的结果。总而言之，这一证据确实支持了这样一种观点，即特质性信任与合作正相关，但这项工作也存在局限性。

4.1.2.2　特质性社会价值取向

迄今为止，与合作相关的研究调查最多的人格特质是社会价值取向，它衡量的是对影响他人和自己的结果的稳定偏好（Bogaert, Boone & Declerck, 2008）。与许多其他人格特质不同，社会价值取向主要植根于社会关系，而不是个人的特定特征（Dovidio, 2006）。正如社会价值取向所指出的那样，那些更倾向于使其他人受益的结果（亲社会者）的人在公共物品问题中的贡献大于那些表现出个人主义和竞争特征（亲自我者）的人（De Cremer & Van Dijk, 2002）。这表明，即使是在基于实验室的社会困境任务中，那些倾向于亲社会的人也表现出亲社会行为。然而，就社会价值取向而言，一方面，所使用的措施实际上类似于社会困境，其中合作也是可测量的（Messick & McClintock, 1968）。另一方面，社会价值取向措施被发现可以非常准确地预测朋友和室友（Bem & Lord, 1979）和日常活动给予的人格描述，包括志愿服务慈善事业（McClintock & Allison, 1989; Van Lange, Bekkers, Schuyt & Van Vugt, 2007）。因此，如果两种情况下的项目重叠，可以质疑这是一个有效措施的程度（参见第 2 章和第 3 章中涉及的批评性评论），以便在社会背景下于处置和行为之间进行任何评估。有关此问题的进一步讨论如下所示。

4.1.3 与当前研究相关的背景和特质性因素：共情

前面已经讨论了研究人员推测与促进合作相关的各种情境因素（制裁制度，沟通，信任）和人格特质（信任，社会价值取向）。然而，这些因素中很少是没有问题和挑战的。其余部分概述了与本书有关的具体情境因素的详细信息，以及它们与第 2 章中概述的实证研究所依据的理论方案的关系。

4.1.3.1 共情与一般合作行为

正如在第 2 章和第 3 章中详细讨论的那样，共情广义上指的是一种“其他导向的”情绪反应与另一种感知的福利相一致（Batson & Moran, 1999）。因此，这里的讨论将是简短的，重点将放在与研究 1 中探讨的操作类型有关的背景因素上。虽然有证据表明诱发共情会增加合作行为，但只有少数学者（Batson et al., 1995）研究了这种积极的共情—合作关系。以前的研究者（Batson & Ahmad, 2001; Batson et al., 1999; Rumble et al., 2010）一直认为，在囚徒困境中对他人的共情更多的是与合作而不是与背叛决定相关。此外，在共同资源困境和公共物品问题中研究了共情—合作的关系。巴特森等（Batson et al., 1995）发现，引起对其他一个群体成员的共情确实增加了对该人的资源分配，但结果是减少了共同利益的资源。在他们的公共物品问题版本中，被试被要求决定他们将他们的筹码用于谁，即公共池，或其他小组成员之一，或为他们自己保留所有。巴特森等（1995）得出的结论是，定向诱发的共情可能是有效的，但它的代价是促进合作。然而，在他们的实验范式中，共情诱导并非旨在观察被试在个人利益与集体利益之间冲突下的行为变化，而是通过共情来观察被试在个人利益，他人利益与集体利益之间冲突下的行为变化。鉴于缺乏研究，这些研究成功地通过团体层面而不是另一个成员的共情来促成合作，研究 1 的设计以巴特森等（1995）开发的技术为基础，以便在冲突仅在群体利益和个人利益之间存在的条件下促进合作。共情诱导会调节人们在这种冲突下的行为吗?

4.1.3.2 共情诱导调节策略使用

共情诱导（不同的背景）不仅可以影响合作行为（即选择合作或背叛），还可以影响所使用的策略种类。正如章节 1.5 “公共物品问题实验范式及其基本原理”中所讨论的，无条件合作、无条件“搭便车”和“广义的一报还一报”策略是在处理重复社会困境时经常使用的三种策略。最有效的策略之一是“广义的一报还一报”策略。这种策略是玩多玩家重复游戏（囚徒困境，公共物品问题）的有效方式，因为简单地匹配其他玩家的行为并不涉及发展自己的独立策略（Axelrod, 1984）。“广义的一报还一报”策略是一种基于互惠的策略（Axelrod & Hamilton, 1981）。据推测，共情可以通过共情诱导方法减少社会困境中的“广义的一报还一报”策略的使用（Batson & Ahmad, 2001; Batson & Moran, 1999; Rumble et al., 2010）。这里的想法是，表示他人需求的信息，即共情诱导，被设计为优先关注他人的需求，而不是制定一个自私的策略，只有当他们显示初始或持续的合作意愿时其他玩家才会受益。

4.1.3.3　特质性共情

一些评论家（Eisenberg & Miller, 1987; Underwood & Moore, 1982）认为，特质性共情可以预测各种背景下的亲社会行为。然而，在社会困境中研究特质性共情与合作行为之间直接联系的实证研究很少。出于这个原因，本研究将会检验特质性共情，伴随一个基于过去工作的期望，与公共物品问题中的合作行为应该存在正相关。有几个项目用于评估特质性共情。在研究 1 和本书中的所有其他研究中，使用人际反应指数（interpersonali reactivity index）来衡量特质性共情，该指数由四个分量表组成：观点采择（perspective taking），共情关注（empathic concern），个人悲伤（personal distress）和想象力（fantasy）。观点采择量表评估了自发采用他人心理观点的倾向；想象力量表强调受访者倾向于将自己富有想象力地猜测转化为虚构人物的感受和行为；共情关注量表评估了“其他人”的同情心和对不幸的其他人的担忧，个人悲伤量表测量了“自我导向”的个人焦虑情绪和紧张的人际关系中的不安（Davis, 1983）。因为这种特殊的衡量标准是评估特质性共情的最全面的方法，所以它比许多其他确定特质性共情的方法更受青睐。因此，人际反应指数是用于本章所有研究的首选问卷。

4.1.3.4　特质性自恋

另一种与亲社会性有关的人格特质是自恋，尽管是出于对立性共情的对立原因。自恋是与共情相反的特质。作为暗黑三角人格之一（即非病性的精神病态，马基雅维利主义，自恋），1898 年的心理学文献首次报道了自恋，并将其称为“性情绪丧失的倾向，几乎完全被自我钦佩所吸引”（Ellis, 1898）。根据美国精神病学协会的精神疾病诊断和统计手册可知，自恋人格是一种疾病，其中适用以下临床标准：宏大的自我意识或独特性；关注无限成功、力量、才华、美丽或理想爱情的幻想；无法容忍批评、他人漠不关心或失败；没有承担相互责任的权利或期望特殊恩惠；人际剥削，在过度化和贬值之间交替的关系；缺乏共情。因此，基于这些特征，在本项目中，检验共情与合作之间联系的一条途径是检验是否缺乏共情（如有自恋特质的人所观察到的）也与缺乏合作（即更多“搭便车”现象）有关。在已经形成的各种自恋测量中，拉斯基和哈罗（Raskin and Hall, 1979）的自恋人格量表（narcissistic personality inventory）测量了非临床人群中自恋的个体差异。这是本章采用的措施。在研究 1 中，使用全面的 40 项自恋人格量表（Raskin & Terry, 1988）来测量被试在自恋中的个体差异。七个自恋人格量表组成尺度是权威，表现欲，优越性，权利，剥削性，自给自足和虚荣。正如一些研究（Ehrenberg, Hunter &

Elterman, 1996）所表现的那样，以自我为中心的自恋人格特质似乎对维持合作产生负面影响，这种消极关联也有望在自恋人格与缺乏合作行为之间观察到。在研究 1 中使用的公共物品问题中也可能存在这一关联。

4.1.4 以往的研究

本研究的重点是共情—合作关系。动机仅仅是评估基于先前已建立的方法诱发共情的程度将促进合作的程度，以及测量特质（即共情，缺乏共情 [自恋]）预测公共物品问题合作的程度。测试的主要假设如下：

假设 1：将产生共情的主效应；根据先前已经开发出共情诱导技术的工作，公共物品问题中的贡献率将增加。

为了测试这一点，研究 1 包括两个不同水平的共情诱导（高共情条件，低共情条件）和基线（无共情诱导）。在共情诱导条件下，目标是诱发对所有其他 3 个群体成员的共情，而不是检验巴特森等（1995）采用的技术，其中共情诱导仅针对另一个玩家。

在巴特森等（1995）的研究中，被试有 3 种选择，即保留筹码，将筹码交给集体投注，或者将筹码交给其他 3 名玩家中的一名。在本书的研究 1 中，被试只需要决定他们愿意为集体投入多少筹码，这被认为有利于集体。无论其他玩家贡献的筹码数量如何，被试贡献得越多，他们的合作就越多。为此目的，本书是以这种方式刻意设计的，以检验如果被试只面对自身利益和集体利益冲突，共情诱导是否会促进合作。

假设 2：与非共情条件相比，诱发共情的条件（高共情条件，低共情条件）应该减少“广义的一报还一报”策略。

“广义的一报还一报”策略是众多玩家重复游戏的有效方式（囚徒困境，公共物品问题）；这是因为简单地匹配其他玩家的行为是一种认知有效地决定做什么的方法（Axelrod, 1984）。

假设 3：假设 3a，个体的特质性共情能力应该预测他们在第 1 回合公共物品问题中的贡献，因为那些具有较高特质性共情能力的人应该比那些具有低特质性共情的人贡献的更多。假设 3b，那些在特质性自恋中得分较高的人应该表现出与公共物品问题中合作行为的负相关关系。

4.2 方　法

4.2.1 被试

通过电子邮件通知和发放传单的方式从伦敦玛丽女王大学招募了 69 名志愿者（47 名女性和 22 名男性）。被试年龄的平均值为 22.68 岁（从 18 岁到 56 岁；$SD =$

5.65），所有被试在参与前都签署了书面知情同意书。在实验之后，他们根据公共物品问题中获得的筹码获得了参与金额。所有被试在实验开始时都知道，在每个公共物品问题中，25 个筹码等于 1 英镑。实际付款范围从 6 英镑到 12 英镑不等。被试被随机分配到三种情况之一（高共情条件，低共情条件，无共情条件）。伦敦玛丽女王大学伦理委员会批准了这项研究（QMREC1190）。

4.2.2　实验设计和实验材料

研究 1 是一个被试间设计与 3 个水平（共情 [高共情，低共情，无共情]），因变量是被试在主要公共物品问题中每回合的贡献比例，其中共有 10 个回合。使用 G*power 进行先前的功效分析以推断该研究所需的样本大小（Faul, Erdfelder, Lang & Buchner, 2007）。假设共情的影响大小是 Cohen建议的中等效应 ($f = 0.25$)，在科思（J. Cohen, 1988）的文中定义，研究 1 需要 90 名被试以便具有足够的统计学效力（$1 - \beta = 0.8$）。使用中等效应值进行功效分析的基本原理将在章节 8.3.3 “样本大小、效应值和统计功效”中详细讨论。此外，该研究还包括主要任务之前和之后的几个项目。有 5 个关于被试经历的任务前问题（即积极，消极和他们的爱好），例如，“描述一个发生在你身上的事件，让你在去年感到悲伤”和“你有什么爱好”。然后向被试呈现公共物品问题任务，再向他们呈现几个任务后问题和问卷。

公共物品问题任务用 E-prime2.0 呈现。游戏的设置方式是每个被试都可以在屏幕上看到其他 3 个虚拟玩家（实际照片和个人资料来自过去的动态学习和决策实验室成员，因此被试之前不会看到他们）。在高度共情的情况下，其他 3 个人的简介中提到了他们每个人都发生的严重事件（玩家 1 = 与伴侣分手，玩家 2 = 车祸，玩家 3 = 手机被盗）。此外，被试还被告知，“在您阅读本文时，请试着想象一下这个人对他们刚才描述的内容的感受。试着想象它是如何影响他们以及他们感觉如何”。这是基于巴特森和莫兰（1999）的共情诱导方法。在低共情条件下，被试阅读的内容与高共情条件下的内容相同，但他们被告知，“在阅读本文时，请尝试客观地看待刚刚描述的内容。尽量保持客观和分离。”这作为基于先前共情诱导技术的共情诱导的中间水平。在非共情条件下，被试没有被告知如何阅读简介。此外，简介涉及中立事件（玩家 1 = 喜欢游泳，玩家 2 = 骑自行车，玩家 3 = 大多数早晨跑步）。

在公共物品问题中，3 个虚拟玩家贡献的金额在被试中是固定的，并且基于加赫特等（Fehr and Gachter, 2000）的研究中没有惩罚条件时的同伴处理中的平均贡献（考虑到标准偏差）。10 回合中每一回合的其他 3 名玩家的总贡献分别如下：27、34、31、24、22、23、24、18、12 和 10。

任务后问题包括关于相似性的 9 个评分，以及对其他 3 个玩家的个人资料的共情。为了检查相似性，要求被试考虑他们认为自己与其他 3 个被试中的每一个玩家的相似程度。为了测量游戏中的共情程度，参与者被要求在 9 分制范围内评估“你在多大程度上共情游戏中的每个人”，从 1（完全没有）到 9（非常多）。除了这两个维度外，还要求被试根据以下可用选项判断其他玩家的面部情绪：快乐，中立，悲伤和愤怒。

在研究结束时提交的调查问卷包括一份用于测量共情的调查问卷和一份用于衡量自恋的调查问卷。研究 1 中的共情问卷是人际反应指数（Davis, 1983），它考察了被试的特质性共情。自恋调查问卷是 40 项自恋人格量表（Raskin & Terry, 1988），它考察了被试的特质性自恋。最后，在实验结束时进行了汇报会议。在这里，实验者要求被试报告他们在公共物品问题中使用的策略，以及他们了解任何交互式欺骗的程度，即他们没有与 3 个真正的其他玩家交互。

4.2.3 实验程序

图 4.1 展示了实验的过程。被试单独参加了实验，并让他们相信其他 3 名被试同时参与。

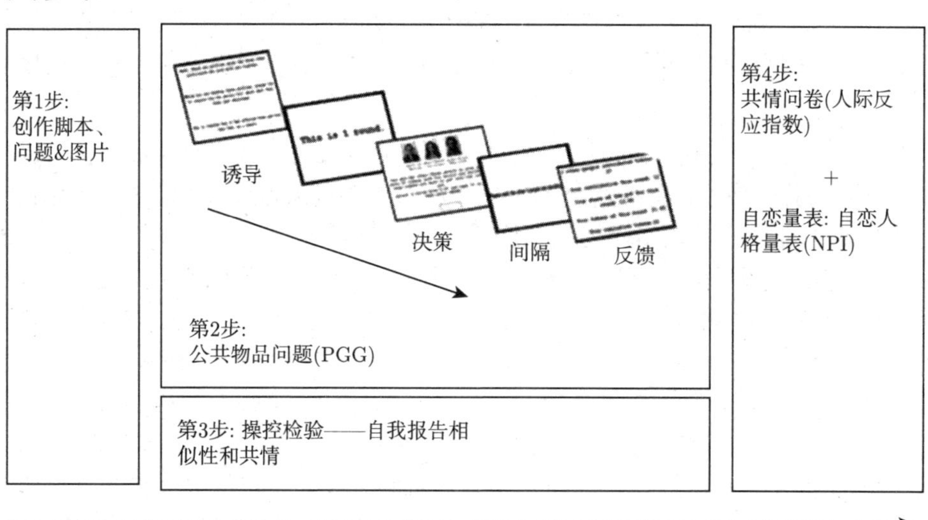

图 4.1 研究 1 的实验流程

到达实验室后，被试被护送到实验隔间。在给出知情同意书后，实验者将被试的护照照片用于实验的配置文件中。此外，他们还需要尽可能详细地回答任务前问题（5 个问题）。这些问题涉及他们的积极、消极的经历和爱好。一旦他们完成了任务前的问题，就会被告知他们需要等待大约 5~10 分钟，而实验人员会对这些资料进行交换。在此期间，被试阅读公共物品问题的说明。在将所有四张照片上传到被试的计算机后，实验者回到实验室，向他们展示 3 个虚拟玩家的照片，解释说明并告知他们开始公共物品问题的时间。这旨在给人一种被试正在在线与其他 3 名玩家互动的印象。

接下来，向被试呈现了其他 3 名玩家的简介，然后完成了 10 回合公共物品问题。在每一回合中，呈现注视点。回合数也被展示出来。然后显示由其他 3 个简介组成的屏幕，以及请求被试输入他们愿意贡献的筹码数量的指令。一旦被试做出决定，屏幕跳转到下一个屏幕，显示消息“请等待，其他 3 名玩家正在决定……”。此屏幕跳转的时间从 5 秒到 10 秒随机呈现。提供的反馈表明其他 3 名玩家在该回合中的总贡献、实际被试对该回合的贡献、回合的组合比例，以及累积筹码作为回合的分数。为确保更多地参与任务，被试需要将反馈信息复制到提供的筹码表格中，并在纸上记录详细信息。完成此操作后，他们需要按空格键才能进入下一回合。完成公共物品问题大约需要 12~20 分钟。

4.2.4　评分

关于人际反应指数共情问卷的评分，是分别对四个分量表（观点采择、个人悲伤、想象力和共情关注）进行评分。每个子量表由 7 个项目组成，其中一些项目为反向评分。这些项目分别是项目 3、4、7、12、13、14、15 和 19。具体而言：

- 观点采择包括项目 3、8、11、15、21、25 和 28；
- 个人悲伤包括项目 6、10、13、17、19、24 和 27；
- 想象力包括项目 1、5、7、12、16、23 和 26；
- 共情关注包括项目 2、4、9、14、18、20 和 22。

根据任务后问题的评分（从 1 完全不到 9 非常多）对相似性和共情进行评分。“广义的一报还一报”策略实施的评分是基于记录第 3 回合到第 9 回合对其他 3 个玩家的贡献与每个被试在第 2 回合到第 10 回合中的相应贡献之间的相关性。在自恋人格指数方面，被试为每个与评分关键字匹配的答案分配了一分。问题的七个组成特征关键如下：

- 权限：1,8,10,11,12,32,33,36;
- 自给自足：17,21,22,31,34,39;
- 优势：4,9,26,37,40;
- 表现欲：2,3,7,20,28,30,38;
- 剥削性：6,13,16,23,35;
- 虚荣：15,19,29;
- 权利：5,14,18,24,25,27。

4.3 结　果

4.3.1 共情操纵有效性检验

使用关于 3 个虚拟玩家的简介的平均估计来进行单向方差分析。分析结果揭示了共情的主要影响，$F(2,65)=5.95, p=0.004$。事后检验表明，与无共情条件相比，高共情和低共情的共情显著更大，高共情：5.40(1.41)，低共情：5.93(1.77)，无共情：4.04(2.37); $p=0.017$（高共情和无共情）; $p=0.001$（低共情和无共情）。高共情和低共情条件之间没有显著差异，$p=0.337$。

4.3.2 共情操纵

如图 4.2 所示，第 1 回合数据用于单向方差分析以探索共情的主效应不显著，$F(2,66)=0.416, p=0.661$。接下来进行 3×10（回合 [1:10]，受试者内变量 × 共情 [高共情，低共情，无共情] 的受试者之间变量）重复测量方差分析。回合的主效应是显著的，$F(5.79,37.15)=10.29, p<0.001, \eta_p^2=0.135$; 共情的主效应不显著，$F(2,66)=0.133, p=0.876, \eta_p^2=0.004$，如图 4.3 所示。回合和共情之间没有显著的相互作用，$F(12.61,415.99)=0.454, p=0.945, \eta_p^2=0.014$，如表 4.1 所示。使用 *Greenhouse-Geisser* 校正。

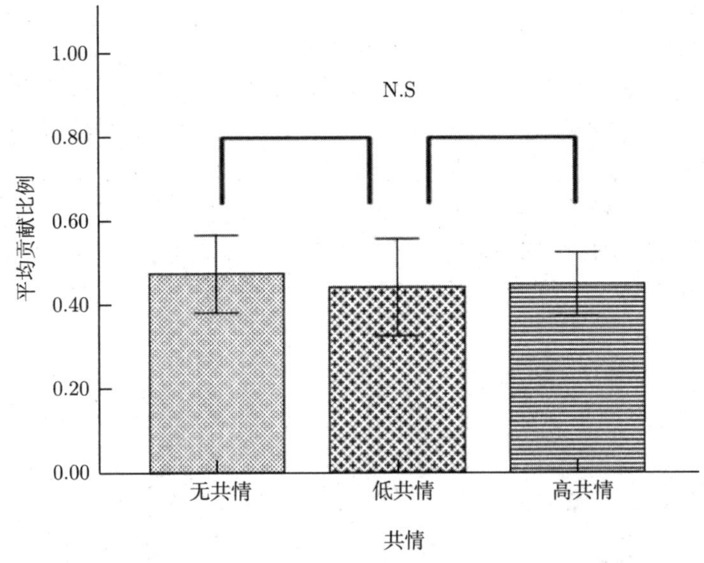

图 4.2　研究 1 中三种共情条件下的平均贡献比例

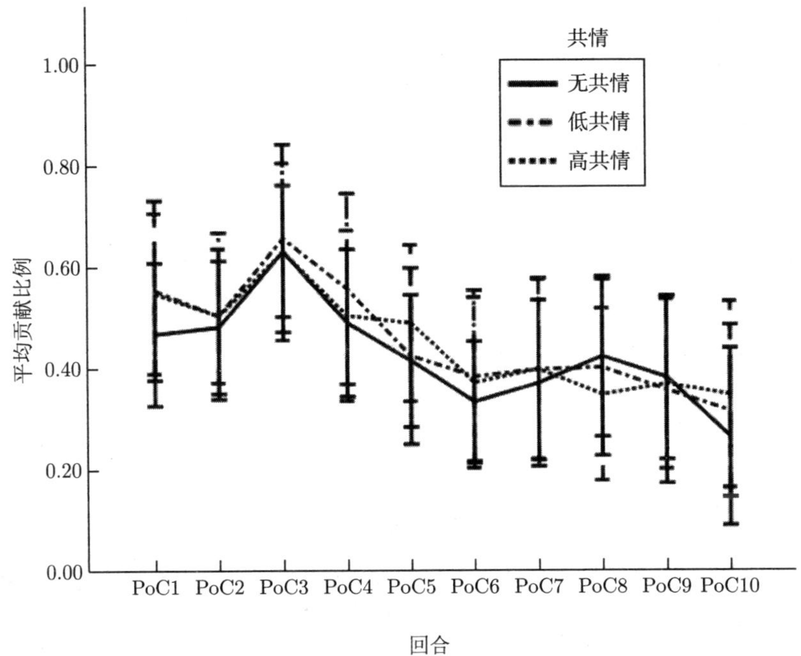

图 4.3　研究 1 中三种共情条件下的平均贡献比例的变化趋势

表 4.1　**研究 1 中三种实验条件下的平均贡献比例**

共情	n	M	(SD)	$95\%CI$	广义的一报还一报策略（比例）
无共情	22	0.472	(0.220)	[0.378, 0.566]	7/22 (31.81%)
低共情	23	0.44	(0.221)	[0.347, 0.532]	8/23 (34.78%)
高共情	24	0.447	(0.220)	[0.357, 0.537]	7/24 (29.17%)

4.3.3　“广义的一报还一报”策略

表 4.1 中列出了在每种情况下使用“广义的一报还一报”策略的人数和比例。对数线性分析结果显示，对于共情的主要影响，使用“广义的一报还一报”策略的参与者数量没有显著差异，$Z=-0.004, p=0.997, 95\%CI[-.986, 0.982]$，这表明共情操控并未调节研究 1 中使用“广义一报还一报”策略的倾向。

4.3.4　公共物品问题与共情特质、自恋特质之间的回归分析

为了探究特质性共情能力（观点采择, 共情关注, 个人悲伤和想象力）是否预测公共物品问题中的贡献，将四个人际反应指数子量表和总体人际反应指数平均得分的得分与第 1 回合的贡献和年龄一起输入回归分析，结果如表 4.2 所示。分析结果未能表明特质性共情能力可预测贡献。超出假设之外的，年龄显著预测第 1

回合贡献的贡献值，$\beta = 0.32, t(46) = 2.29, p = 0.027$，表明年龄较大的被试（年龄范围从 40 岁至 56 岁的样本）更有可能做出贡献。

表 4.2 研究 1 中公共物品问题中第 1 回合的贡献的预测变量的层次回归分析（$N = 69$）

变量	β	SEB	b	*95%CI*
第 1 步				
年龄	0.015	0.007	0.284*	[0.002, 0.029]
第 2 步				
年龄	0.017	0.007	0.322*	[0.004, 0.031]
观点采择	0.004	0.061	0.008	[−0.118, 0.126]
个人悲伤	0.049	0.053	0.116	[−0.057, 0.155]
想象力	0.077	0.058	0.174	[−0.039, 0.192]
共情关注	−0.018	0.078	−0.031	[−0.174, 0.138]

注：$* \ p < 0.05$.

此外，本研究对自恋人格得分进行了类似的分析。如表 4.3 所示，计算了自恋人格量表的七个组成特征（权威，自给自足，优越性，表现欲，剥削性，虚荣和权利），但没有发现预测第 1 回合公共物品问题中的合作行为。

表 4.3 研究 1 中公共物品问题中第 1 回合的贡献中自恋人格对其的预测性的线性回归分析（$N = 69$）

变量	β	SEB	b	95%CI
权威	0.01	0.015	0.109	[−0.020, 0.041]
自给自足	0.002	0.024	0.014	[−0.046, 0.051]
优越性	0	0.023	−0.001	[−0.047, 0.047]
表现欲	−0.01	0.022	−0.074	[−0.054, 0.033]
剥削性	−0.024	0.026	−0.147	[−0.076, 0.028]
虚荣	0.021	0.031	0.099	[−0.040, 0.083]
权利	−0.033	0.024	−0.198	[−0.081, 0.014]

4.3.5 欺骗检验

在情况汇报阶段，实验者向被试提出了几个问题，这些问题旨在检查他们是否认为他们实际上是在网上同时与其他 3 名真实玩家一起参与研究。38 名被试报告说他们相信（或至少有一点疑问）他们真正与其他玩家（欺骗成功组）互动（高共情：$n = 12$；低共情：$n = 11$；无共情：$n = 15$）；而 29 位被试表示他们在汇报会议中有疑虑（欺骗失败小组）（高共情：$n = 11$；低共情：$n = 11$；无共情：$n = 7$）；两名被试报告说他们不确定自己的观点，也没有参与分析。而后进行独立样本 t 检验以检查交互式欺骗是否影响合作决策。对于 10 回合公共物品问题的平均贡献比例而言，分析并不显著；欺骗成功组（$M = 0.425, SD = 0.21$）；欺骗失败组（$M = 0.481, SD = 0.22, t(65) = -1.04, p = 0.30, 95\%CI[-0.16, 0.05]$。然而，针对第 1 回合的公共物品问题，欺骗成功组（$M = 0.45, SD = 0.29$）与欺骗失败组（$M = 0.61, SD = 0.33$），存在着统计学上的显著性差异 $t(65) = -2.10, p = 0.039 < 0.05, 95\%CI[-0.319, -0.008]$。

4.4 讨 论

研究 1 未能显示共情与合作之间的关联。这与许多研究不一致，这些研究报告了共情在增加合作行为中的重要作用（Batson & Moran, 1999; Rumble et al., 2010）。此外，这里的证据未能证明共情与合作之间存在任何关联，无论是使用“广义的一报还一报”策略的趋势，还是公共物品问题中的贡献数量。更重要的是，回归分析表明，公共物品问题的第 1 回合中只有年龄是一个重要的贡献预测因素，而不是在公共物品问题中预测行为的特质性共情或自恋；这至少与表明亲社会取向随年龄增长的工作一致（Van Lange, Agnew Harinck, & Steemers, 1997），但这并不是预测的发现，也不是研究 1 中探讨的问题的核心。

关于假设 1，根据共情利他假说（Batson, 1991）可知，对其他 3 个虚拟玩家的共情诱导应该提高被试贡献的至少在第 1 回合公共物品问题的贡献值。结果表明诱发共情并没有显著的主效应，这与先前的研究不一致（Batson & Ahmad, 2001; Batson & Moran, 1999; Rumble et al., 2010）。有证据表明，共情引发的利他动机可以增加冲突局势中的合作和关怀（Stephan & Finlay, 1999）。与此相反的是，本研究未能通过共情诱导找到预期的合作增长。主要原因可能是共情可能与注意力过程类似，因为当目标定位易于指定时，共情最有效。当目标模糊不清时，共情的作用似乎失去了效果，实际上它可能是“责任扩散”效应的结果。换句话说，共情诱导可能确实导致了更多的共情，但被试可能已经感觉到帮助的责任负担在群体中的其他人身上。此外，根据共情操控有效性检验，高共情和低共情条件下的共情等级没有显著差异。因此，在接下来的章节（研究 2, 研究 3 和研究 4）的研究中，只进行了高共情和非共情的对比，因为高共情诱导足以代表共情操控效应。

尽管研究 1 中的结果表明人类互动游戏中最常见的解决方案（例如，囚徒困境）是“一报还一报”策略（Nowak & Sigmund, 1993），但该研究还表明共情操控不影响策略行为（即减少“广义的一报还一报”策略的实施）。相较于那些与同一个体的重复互动，直接互惠是人们根据进化观点进行合作的原因（Axelrod, 1984）。在直接互惠的情况下，期望合作伙伴作为合作回报，“未来的阴影”激励人们合作，以获得之后合作的好处。直接互惠为人类的许多长期关系提供了基础，例如友谊和商业伙伴关系。“广义的一报还一报”策略是一种简单的策略，它捕捉了直接互惠的本质。可能的情况是，这种情况，即处理与多个玩家的多次互动，可能会减弱任何可能的效应，即共情会对战略行为产生影响，例如“广义的一报还一报”策略。

本研究中的情景设置检验显示，无论被试是否认为他们正在与其他 3 名玩家进行互动，这并不影响他们决定在 10 回合公共物品问题中贡献筹码，但这确实影响了他们的第 1 回合贡献。前者的结果很奇怪，因为被试仍然为小组池做出贡献，即使他们不相信他们正在与真正的被试互动。更重要的是，这似乎是非理性行为，特别是考虑到在实验环境中导致共同事业花费了他们真正的金钱。这种非理性在这里难以解释，并且可能还有其他因素可以解释那些未能相信实验设置的人的贡献，例如社会期望效应。简而言之，相信研究 1 中使用的情景设定方法的人与不相信的人之间的行为差距突出了将情景设定检查纳入实验室实验的重要性，其中采用与此处使用的设计类似的设计；这个问题将在第 5 章中进行进一步讨论。

研究 1 的结果与之前在使用其他社会困境（如囚徒困境和最后通牒游戏）的研究中发现的积极的共情—合作关系不一致（Batson & Ahmad, 2001; Batson & Moran, 1999; Rumble et al., 2010; Barraza & Zak, 2009）范兰格（Van Lange, 2008）和巴萨尔等（Barraza & Zak, 2009）的研究表明，共情，有些人称之为“共情关注”——即使不是由互动伙伴引起或针对互动伙伴——但往往在社会困境中会产生更多地对该伙伴的亲社会行为。与先前文献相比，本研究结果差异的解释为可能是由于共情目标的模糊程度，这在本研究中是模棱两可的，但在上述研究中是明确的。

假设 3 探讨了性格特征与合作的个体差异之间的联系。然而，以前的工作在特质性共情和其他相关行为之间的关联的稳定性方面相当复杂。科恩等（T. R. Cohen et al., 2010）使用了本科生和 MBA 学生的样本，发现特质性的共情关注始终与不道德行为的反对相关，但与特质性观点无关。相比之下，特质性观点与谈判表现有关，但特质性的共情关注并非如此（Galinsky, Maddux, Gilin & White, 2008）。因此，在这里，是否存在特质性的共情关注，“共情”是否往往会产生更多的合作仍然是未知的，或者至少在目前的研究中，没有足够的基础可以明确地得出任何结论。同样的论点延伸到未能揭示的公共物品问题中自恋人格与合作行为之间的关联。结果的不确定性表明在进一步研究中使用了这些工具。

4.5 结　论

总之，研究 1 的设计未能支持共情—合作关系，这已在先前的研究中得到证实。可能出现这种情况的原因有多种。最明显的是，在公共物品问题的现有版本中，在公共物品问题期间易于识别的共情关注目标并不明显。被试可以将他们的共情关注指向所有其他 3 个玩家——通过增加他们对小组的贡献，尽管他们可能没有打算这样做，因为他们可能倾向于将他们的共情关注指向该小组中的另一个成员。

此外，没有证据表明公共物品问题中的特质（共情，缺乏共情 [自恋]）和合作行为之间存在关联。

研究 1 与以往研究之间的差距为进一步研究提供了强烈的动力，并提出了一个关键问题，即共情—合作关系是否实际上是一个可靠的联系。因此，研究 2 旨在进一步探索共情—合作关系，扩展范式以探索价值的作用，例如本章讨论的社会线索，被认为可以激发合作。

本章参考文献

Axelrod, R. (1984). The evolution of cooperation. New York: Basic Books.

Axelrod, R., Hamilton, W. D. (1981). The evolution of cooperation. Science, 211(4489), 1390-1396. doi: 10.1126/science.7466396

Balliet, D. (2010). Communication and cooperation in social dilemmas: A meta-analytic review. Journal of Conflict Resolution, 54(1), 39-57. doi: 10.1177/0022002709352443

Balliet, D., Li, N. P., Macfarlan, S. J., Van Vugt, M. (2011). Sex differences in cooperation: A meta-analytic review of social dilemmas. Psychological Bulletin, 137(6), 881-909. doi: 10.1037/a0025354

Balliet, D., Van Lange, P. A. M. (2013a). Trust, conflict, and cooperation: A metaanalysis. Psychological Bulletin, 139(5), 1090-1112. doi: 10.1037/a0030939

Balliet, D., Van Lange, P. A. M. (2013b). Trust, punishment, and cooperation across 18 societies: A meta-analysis. Perspectives on Psychological Science, 8(4), 363-379. doi: 10.1177/1745691613488533

Barraza, J. A., Zak, P. J. (2009). Empathy toward strangers triggers oxytocin release and subsequent generosity. Annals of the New York Academy of Sciences, 1167(1), 182-189. doi: 10.1111/j.1749-6632.2009.04504.x

Batson, C. D. (1991). The altruism question: Toward a social psychological answer. New York: Lawrence Erlbaum.

Batson, C. D., Ahmad, N. (2001). Empathy-induced altruism in a prisoner's dilemma ii: What if the target of empathy has defected? European Journal of Social Psychology, 31(1), 25-36. doi: 10.1002/ejsp.26

Batson, C. D., Ahmad, N., Yin, J., Bedell, S. J., Johnson, J. W., Templin, C. M., Whiteside, A. (1999). Two threats to the common good: Self-interested egoism and empathy-induced altruism. Personality and Social Psychology Bulletin, 25(1), 3-16. doi: 10.1177/0146167299025001001

Batson, C. D., Batson, J. G., Todd, R., Brummett, B., Shaw, L., Aldeguer, C. (1995). Empathy and the collective good: Caring for one of the others in a social dilemma. Journal of Personality and Social Psychology, 68(4), 619-631. doi: 10.1037/0022-3514.68.4.619

Batson, C. D., Moran, T. (1999). Empathy-induced altruism in a prisoner's dilemma.

European Journal of Social Psychology, 29(7): 909-924. doi: 10.1002/(SICI)1099-0992(199911)29:7<909::AID-EJSP965¿3.0.CO;2-L

Bem, D. J., Lord, C. G. (1979). Template matching: A proposal for probing the ecological validity of experimental settings in social psychology. Journal of Personality and Social Psychology, 37, 833-846. doi: 10.1037/0022-3514.37.6.833

Bixenstine, V. E., Douglas, J. (1967). Effect of psychopathology on group consensus and cooperative choice in a six-person game. Journal of Personality and Social Psychology, 5(1), 32-37. doi: 10.1037/h0021197

Bogaert, S., Boone, C., Declerck, C. (2008). Social value orientation and cooperation in social dilemmas: A review and conceptual model. British Journal of Social Psychology, 47(3), 453-480. doi: 10.1348/014466607X244970

Buchan, N. R., Brewer, M. B., Grimalda, G., Wilson, R. K., Fatas, E., Foddy, M. (2011). Global social identity and global cooperation. Psychological Science, 22(6), 821-828. doi: 10.1177/0956797611409590

Cohen, J. (1988). Statistical power analysis for the behavioral sciences (2nd ed.). USA: Lawrence Erlbaum Associates.

Cohen, T. R., Insko, C. A. (2008). War and peace: Possible approaches to reducing intergroup conflict. Perspectives on Psychological Science, 3(2), 87-93. doi: 10.1111/j.1745-6916.2008.00066.x

Cohen, T. R., Wildschut, T., Insko, C. A. (2010). How communication increases in- terpersonal cooperation in mixed-motive situations. Journal of Experimental Social Psychology, 46(1), 39-50. doi: 10.1016/j.jesp.2009.09.009

Davis, M. H. (1983). Measuring individual differences in empathy: Evidence for a multidimensional approach. Journal of Personality and Social Psychology, 44(1), 113-126. doi: 10.1037/0022-3514.44.1.113

Dawes, R. M., McTavish, J., Shaklee, H. (1977). Behavior, communication, and assumptions about other people's behavior in a commons dilemma situation. Journal of Personality and Social Psychology, 35(1), 1-11. doi: 10.1037/0022-3514.35.1.1

De Cremer, D. (1999). Trust and fear of exploitation in a public goods dilemma. Current Psychology, 18(2), 153-163. doi: 10.1007/s12144-999-1024-0

De Cremer, D., Snyder, M., Dewitte, S. (2001). "the less i trust, the less i contribute (or not)?" the effects of trust, accountability and self-monitoring in social dilemmas. European Journal of Social Psychology, 31(1), 93-107. doi: 10.1002/ejsp.34

De Cremer, D., Van Dijk, E. (2002). Reactions to group success and failure as a function of identification level: A test of the goal-transformation hypothesis in social dilemmas. Journal of Experimental Social Psychology, 38(5), 435-442. doi: 10.1016/s0022-1031(02)00009-4

Deutsch, E. (1973). Advaita vedanta: A philosophical reconstruction. US: University of Hawaii Press.

Dovidio, J. (2006). The social psychology of prosocial behavior. New Jersey: Lawrence Erlbaum Associates.

Edney, J. J., Harper, C. S. (1978). The effects of information in a resource management problem: A social trap analog. Human Ecology, 6(4), 387-395. doi: 10.1007/BF0088-9416

Ehrenberg, M. F., Hunter, M. A., Elterman, M. F. (1996). Shared parenting agreements after marital separation: The roles of empathy and narcissism. Journal of Consulting and Clinical Psychology, 64(4), 808-818. doi: 10.1037/0022-006X.64.4.808

Eisenberg, N., Miller, P. A. (1987). The relation of empathy to prosocial and related behaviors. Psychological Bulletin, 101(1), 91-119. doi: 10.1037/0033-2909.101.1.91

Ellis, H. (1898). Auto-erotism. Alienist and Neurologist, 19, 260-299.

Faul, F., Erdfelder, E., Lang, A.-G., Buchner, A. (2007). G* power 3: A exible statistical power analysis program for the social, behavioral, and biomedical sciences. Behavior Research Methods, 39(2), 175-191. doi: 10.3758/BF03193146

Fehr, E., Gachter, S. (2000). Cooperation and punishment in public goods experiments. Institute for Empirical Research in Economics Working Paper, 90(4), 980-994. doi: 10.1257/aer.90.4.980

Galinsky, A. D., Maddux, W. W., Gilin, D., White, J. B. (2008). Why it pays to get inside the head of your opponent the differential effects of perspective taking and empathy in negotiations. Psychological Science, 19(4), 378-384. doi: 10.1111/j.1467-9280.2008.02096.x

Haselhuhn, M. P., Mellers, B. A. (2005). Emotions and cooperation in economic games. Cognitive Brain Research, 23(1), 24-33. doi: 10.1016/j.cogbrainres.2005.01.005

Iannotti, R. J. (1985). Naturalistic and structured assessments of prosocial behavior in preschool children: The in uence of empathy and perspective taking. Developmental Psychology, 21(1), 46-55. doi: 10.1037/0012-1649.21.1.46

Insko, C. A., Schopler, J., Drigotas, S. M., Graetz, K. A., Kennedy, J., Cox, C., Bornstein, G. (1993). The role of communication in interindividual-intergroup discontinuity. Journal of Con ict Resolution, 37(1), 108-138. doi: 10.1177/0022002793037001005

Jensen, K. (2010). Punishment and spite, the dark side of cooperation. Philosophical Transactions of the Royal Society of London. Series B: Biological Sciences, 365(1553), 2635-50. doi: 10.1098/rstb.2010.0146

Komorita, S. S., Parks, C. D. (1994). Social dilemmas. England: Brown Benchmark.

Kurzban, R., Houser, D. (2005). Experiments investigating cooperative s in humans: A complement to evolutionary theory and simulations. Proceedings of the National Academy of Sciences of the United States of America, 102(5), 1803-1807. doi: 10.1073/pnas.0408759102

Mayer, R. C., Davis, J. H., Schoorman, F. D. (1995). An integrative model of organizational trust. Academy of Management Review, 20(3), 709-734. doi: 10.5465/AMR.1995.9508080335

McClintock, C. G., Allison, S. T. (1989). Social value orientation and helping behavior. Journal of Applied Social Psychology, 19, 353-362. doi: 10.1111/j.1559-1816.1989.tb00060.x

Messick, D. M., McClintock, C. G. (1968). Motivational bases of choice in experimental games. Journal of Experimental Social Psychology, 4(1), 1-25. doi: 10.1016/0022-1031(68)90046-2

Mulder, L. B., van Dijk, E., De Cremer, D., Wilke, H. A. M. (2006). When sanctions fail to increase cooperation in social dilemmas: Considering the presence of an alternative option to defect. Personality and Social Psychology Bulletin, 32(10), 1312-1324. doi: 10.1177/0146167206289978

Nowak, M. A., Sigmund, K. (1993). A strategy of win-stay, lose-shift that outperforms tit-for-tat in the prisoner's dilemma game. Nature, 364(6432), 56-58. doi: 10.1038/364056a0

Parks, C. D., Hulbert, L. G. (1995). High and low trusters' responses to fear in a payoff matrix. Journal of Con ict Resolution, 39(4), 718-730. doi: 10.1177/0022002795039004006

Parks, C. D., Joireman, J., Van Lange, P. A. M. (2013). Cooperation, trust, and antagonism: How public goods are promoted. Psychological Science in the Public Interest, 14(3), 119-165. doi: 10.1177/1529100612474436

Rapoport, A., Suleiman, R. (1993). Incremental contribution in step-level public goods games with asymmetric players. Organizational Behavior and Human Decision Processes, 55(2), 171-194. doi: 10.1006/obhd.1993.1029

Raskin, R., Hall, C. S. (1979). A narcissistic personality inventory. Psychological Reports, 45(2), 590-590. doi: 10.2466/pr0.1979.45.2.590

Raskin, R., Terry, H. (1988). A principal-components analysis of the narcissistic personality inventory and further evidence of its construct validity. Journal of Personality and Social Psychology, 54(5), 890-902. doi: 10.1037/0022-3514.54.5.890

Rumble, A. C., Van Lange, P. A. M., Parks, C. D. (2010). The bene fits of empathy: When empathy may sustain cooperation in social dilemmas. European Journal of Social Psychology, 40(5), 856-866. doi: 10.1002/ejsp.659

Sanfey, A. G., Rilling, J. K., Aronson, J. A., Nystrom, L. E., Cohen, J. D. (2003). The neural basis of economic decision-making in the ultimatum game. Science, 300(5626), 1755-1758. doi: 10.1126/science.1082976

Sefton, M., Shupp, R., Walker, J. M. (2007). The effect of rewards and sanctions in provision of public goods. Economic Inquiry, 45(4), 671-690. doi: 10.1111/j.1465-7295.2007.00051.x

Stephan, W. G., Finlay, K. (1999). The role of empathy in improving intergroup relations. Journal of Social Issues, 55(4), 729-743. doi: 10.1111/0022-4537.00144

Tazelaar, M. J. A., Van Lange, P. A. M., Ouwerkerk, J. W. (2004). How to cope with "noise", in social dilemmas: The benefits of communication. Journal of Personality and Social Psychology, 87(6), 845-859. doi: 10.1037/0022-3514.87.6.845

Underwood, B., Moore, B. (1982). Perspective-taking and altruism. Psychological Bulletin, 91(1), 143-173. doi: 10.1037/0033-2909.91.1.143

Van Lange, P. A. M. (2008). Does empathy trigger only altruistic motivation? how about sel essness or justice? Emotion, 8(6), 766-774. doi: 10.1037/a0013967

Van Lange, P. A. M., Agnew, C. R., Harinck, F., Steemers, G. E. (1997). From game theory to real life: How social value orientation affects willingness to sacrifice in ongoing close relationships. Journal of Personality and Social Psychology, 73(6), 1330-1344. doi: 10.1037/0022-3514.73.6.1330

Van Lange, P. A. M., Bekkers, R., Schuyt, T. N. M., Van Vugt, M. (2007). From games to giving: Social value orientation predicts donations to noble causes. Basic and Applied Social Psychology, 29(4), 375-384. doi: 10.1080/01973530701665223

Wichman, H. (1970). Effects of isolation and communication on cooperation in a twoperson game. Journal of Personality and Social Psychology, 16(1), 114-120. doi: 10.1037/h0029845

Yamagishi, T. (1988). Seriousness of social dilemmas and the provision of a sanction- ing system. Social Psychology Quarterly, 51(1), 32-42. (Times Cited: 89) doi: 10.2307/2786982

Yamagishi, T., Sato, K. (1986). Motivational bases of the public goods problem. Journal of Personality and Social Psychology, 50(1), 67-73. doi: 10.1037/0022-3514.50.1.67

第5章　实证研究 2：个人价值取向与共情对于合作行为的影响

关键词

- 合作（cooperation）
- 亲社会行为（prosocial behavior）
- 亲社会性（prosociality）
- 个人价值观（personal values）
- 经济价值观（economic value）
- 社会价值观（social value）

本章小结

第 4 章介绍了本书中 4 项研究中的第 1 项研究工作。研究 1 旨在检验共情（高共情、低共情和无共情）在线性公共物品问题中对于合作决策的作用。因为研究结果同之前建立了此种联系的研究结果并不一致，因此需要进行后续工作来研究其他因素对共情—合作关系的影响程度。因此，研究 2 采用了与研究 1 相似的范例，旨在探索共情和个人价值观如何共同作用于合作。研究 2 的假设如下: 假设 1: 共情诱导在公共物品问题中对合作行为存在主要影响；假设 2: 个人价值观影响合作；假设 3: 在社会困境中，“互动式欺骗”对合作行为存在主要影响。研究 2 涉及的主要问题是: 在考虑合作时，他人的个人价值观是否是一个相关的线索，以及价值观和对他人的共情在多大程度上支持合作行为。为解决这些问题，研究 2 向被试（$N=120$）展示了参与公共物品问题的其他 3 个玩家的相关个人价值观（主要是社会价值观 [如家人，朋友] 或主要是经济价值观 [如电话，自行车]）的细节。此外，一半的被试被诱导对其他玩家产生共情，如同研究 1 进行的那样，被试被呈现换位思考指令（高共情条件）；而另一半没有给出任何共情诱导指令（无共情条件）。对于那些认为自己在合作游戏中与真实玩家互动的人（$n=70$）来说，价值观似乎确实很重要。当实施共情诱导方法时，社会价值观条件下的被试比经济价值观条件下的被试合作程度更高。然而，共情诱导（换位思考指令）本身对合作水平并没有多大影响，事实上，只有在游戏中尽可能减少使用“广义的一报还一报”策略时，才会产生影响。

5.1 引　　言

研究 2 的目的是进一步探究共情—合作的联系，同时也探究一个因素在支持亲社会行为中所起的重要作用，即人们在社会交往中所表现出的重要的价值。正如第 4 章所提到的，特质性社会价值取向是指那些对社会交往至关重要的价值观，这些价值观之间存在个体差异，比如一些人比其他人更看重他人的品质（Bogaert, Boone & Declerck, 2008）。这反过来又被证明与合作有关，并且可能是共情—合作关系中的一个中介因素。因此，研究 2 的主要目的是研究群体成员所表达的价值观（主要是社会取向或经济取向）会在多大程度上导致线性公共物品问题（公共物品问题）中合作行为的增加，无论是在有共情诱导的情况下还是没有共情诱导的情况下。研究 2 检验了 3 个假设。

假设 1 本质上是为了进一步探究研究 1 的发现。鉴于研究 1 未能揭示出强的共情—合作关系，研究 2 的目的是简化实验设计，以便更好地揭示共情—合作关系。这是通过简单地比较高共情诱导指令和在没有提供共情诱导指令的情况下对合作的影响来实现的。

假设 2 考察了其他线索对合作的影响，特别是个人价值观对于合作行为的作用。价值观通常被认为是“对反映社会化的理想状态和行为的相对稳定的个人偏好”（Bilsky & Schwartz, 1994）。此外，个人价值观涵盖社会、经济、理论、美学、政治等方面（Vernon & Allport, 1931）。大量的研究表明，人们的个人价值观与他们的性格类型以及他们实施的决策策略之间存在着很强的关系（Bilsky & Schwartz, 1994; Olver & Mooradian, 2003; L. Parks & Guay, 2009）。巴迪等（Bardi et al., 2003）推测，识别个人价值观可以作为一种衡量人们在社交方面表现良好程度的方法。例如，提供关于价值观的一个内容领域的信息（例如，宗教信仰）会影响另一个领域中相应的相关行为（Schwartz & Huismans, 1995）。此外，关于价值观与合作的关系，一些研究人员关注文化价值观在合作行为中的作用（Probst, Carnevale, Triandis, 1999）。并且，合法性价值观和道德价值观被认为是促进合作的因素（Tyler, 2011）。

一项极具影响力的研究表明，基于个人价值观 [特别是社会价值取向（Van Lange, 1999）]，涉及“亲个人主义者”或“亲社会主义者”（Simpson, 2004），个体差异与合作水平之间存在关联（Balliet, Parks & Joireman, 2009; Bogaert et al., 2008）。大多数研究表明，亲社会的人比亲自我的人表现得更合作。亲社会和亲自我是基于对人的社会价值取向的衡量来划分的。

相比之下，很少有学者的研究检验价值信息对个体合作决策行为的影响程度。例如，沃克等（Volk et al.,）测量了在社会困境中，个人价值观与合作水平之间的关联程度。他们发现，高度重视亲社会价值观（如平等）的人更愿意合作，而不是选择“搭便车”。如果正如沃克等的研究所揭示的那样，个人价值观意味着亲社会，那么这就间接地为人们所持有的实际价值观和他们的合作行为之间的潜在联系提供了证据。如果是这样，那么我们的预测将是，通过操纵群体共享的价值观类型（经济型，即自私的；社会型，即亲社会的），将反过来影响在社会困境（如公共物品问题）中的合作率。

假设 3 的目的是进一步探讨在社会困境中引入欺骗的问题，以及研究 1 中发现的结果模式在多大程度上会被复制。在公共物品问题的当前版本中，每个实验都设置有 3 个虚拟的玩家，一个真实的被试，和研究 1 中一样。使用虚拟玩家的原因是为了精确控制共情经历范围，这会影响公共物品问题中真实被试的行为。然而，为了使实验设置尽可能接近真实，虚拟玩家所做的贡献是基于 4 名真实的玩家在公共物品问题实验中获得的数据（Fehr & Gachter, 2000），尽管是预先编程好的。本研究所采用的实验设计，涉及一个关于“互动式欺骗”的关键问题；这意味着被试是被欺骗的，他们认为自己在与真正的被试互动。通常做法是将几个被试放在同一个房间，并在同一时间玩游戏，给他们实际上是与人交互的幻觉，但事实上他们不是（Rand, Greene & Nowak, 2012, Study7）。在其他情况下，研究使用编程策略或设计策略来模拟真实的玩家，而被试参与了一个囚徒困境游戏（Batson & Ahmad, 2001; Batson & Moran, 1999; Rumble, Van Lange & Parks, 2010）。类似地，库尔兹班等（Kurzban and Houser, 2005）使用预先设计的 10 回合公共物品问题来为被试创建一个现实的设置；这也包括“互动式欺骗”。此外，经常使用计算机锦标赛进行研究（Axelrod & Hamilton, 1981）“一报还一报”策略和其作为一种策略的成功证据。因此，目前使用的实验设计使有效地测量共情和合作的作用成为可能。然而，这些过去的研究和现在的研究之间的一个关键区别是，就像在研究 1 中一样，包含了对“互动式欺骗”意识的测量。该测量被用来衡量它对迭代公共物品问题中合作行为的不同影响程度。回想一下，在研究 1 中有证据表明，在游戏中与其他玩家互动的信念/缺乏信念并不影响公共物品问题的整体贡献，但确实影响了第 1 回合的贡献。因此，很明显，重要的是要记录被试察觉到被欺骗的程度，以此作为分析数据的基础，而大多数使用这种欺骗类型的研究都没有这样做。总之，研究 2 的目的是检验合作领域中两个尚未探索的问题。

假设 1：共情诱导在公共物品问题中对合作行为应起主要作用；

假设 2：考察价值观对公共物品问题或非公共物品问题合作行为的影响；

假设 3：研究社会困境中“互动式欺骗”对合作行为的影响。

如果个人价值观是合作的关键，人们用它来告知他们的合作决定（Keltner, Kogan, Piff & Saturn, 2014; C. D. Parks, Joireman & Van Lange, 2013），那么共享社会价值的群体应该比共享经济价值的群体更能促进合作。在研究 2 中，价值观是通过遭受社会或物质的痛苦的故事来传达的。研究 2 是第一个通过这种方法来尝试探索个人价值观的作用，来检验价值观对合作的影响的研究。基于之前的工作，预测传递社会价值信息会比传递经济价值的信息更能促进人们的合作行为。此外，考虑到所使用的设计，研究 2 还旨在探索“互动式欺骗”对合作行为的影响。这里的目标是提供关于采用类似方法的工作的重要见解，这些方法会导致“互动式欺骗”，但是还没有检验这种方法的行为影响。

5.2 方 法

5.2.1 被试

研究 2 包括 120 名被试（80 名女性和 40 名男性），在 4 种条件下，每组有 30 名被试。被试是在伦敦玛丽女王大学通过电子邮件通知和张贴传单的方式招募的。研究对象年龄在 18 岁至 49 岁之间（$M = 22.09, SD = 4.94$）。他们在参与之前被提供了知情同意书。实验结束后，被试根据他们在线性公共问题中的表现获得 6~15 英镑（25 个筹码 = 1 英镑）。当被询问时，所有被试都被问及他们是否相信自己在网上与其他 3 名真实玩家互动。49 名被试表示，他们不相信自己在与另外 3 名真实的玩家互动，还有一名被试表示，他不确定。伦敦玛丽女王大学伦理委员会批准了这项研究（QMREC1190）。

5.2.2 实验设计和实验材料

本实验为 2×2（价值观 [社会价值（social value），经济价值（economic value）]×共情 [共情（empathy），无共情（no-empathy）]）的被试间设计，被试被随机分配到 4 个实验条件之一。关键因变量是被试在 10 回合游戏的每一回合中向公共基金发放的筹码数量，这也是这种经济博弈中合作的操作性定义。研究 2 和研究 1 一样，在研究前后给出的一组问题中记录了其他细节。任务前的问题包括个人信息（年龄和性别），以及关于被试在过去一年的积极和消极经历。研究人员还向被试展示了人际反应指数（Davis, 1983）问卷，该问卷用于测量他们的特质性共情能力，包括 4 个分量表：观点采择、共情关注、个人悲伤和想象力。与研究 1 不同的是，研究 2 没有研究特质性自恋和合作水平之间的联系。这样做的原因是研究 2 集中在研究共情与合作的关系上，考虑到特质性共情没有产生任何显著的结果，人们认为特质性自恋的可能性更小，因此为了简化研究，只考虑特质性共情。

被试的照片是用手机摄像头拍摄的，并与 3 名虚拟玩家的照片一起上传到屏幕上；这些步骤的设计是为了让被试相信他们遵循了与其他 3 名在线互动的玩家相同的程序。这些资料的细节是基于一项公开的价值调查而被发现的（Osman, 2014）。最普遍的价值观主要是非物质的，形成了社会价值条件（如家庭、朋友、健康；分别为 86%、45% 和 30%）；不常见的主要是物质的（如手机、自行车、宠物；分别为

3%、3%、3%），以此形成经济价值条件。这 3 名虚拟玩家的资料是根据个人事件的字数进行匹配的。下面是一个虚拟玩家在主题为“朋友”的社会价值条件下的资料: 我几乎每天都和我最好的朋友说话。她是我家庭之外最亲密的人。最近我们闹翻了。这已经不是第一次发生这样的事情了，我知道我们可以解决这个问题，但它仍然令人沮丧。

下面是一个虚拟玩家在以“手机”为主题的经济价值条件下的资料: 我几乎每天都打手机。除了笔记本电脑，它是离我最近的东西。最近我的手机坏了。它从我的包里掉了出来。这已经不是第一次发生这样的事情了，我知道我能解决这个问题，但它仍然令人沮丧。

公共物品问题程序是通过一台使用 E-prime2.0 的计算机进行的。在公共物品问题程序中，每回合 3 名玩家的筹码数量是固定的，每个被试的筹码数量是相同的。筹码的数量和差异是基于加赫特等（Fehr & Gachter, 2000）的研究而设定的，该研究使用了他们处于在没有惩罚条件下对手不变的情景中的平均贡献值（考虑到标准差）。其他 3 名玩家在每回合的总贡献如下:27、34、31、24、22、23、24、18、12 和 10; 与研究 1 相同。

任务后的问题记录了被试对其他 3 名虚拟玩家的印象，使用 9 点量表，范围从 1（完全没有）到 9（非常多），这取决于他们对每个人的共情程度。此外，被试还被要求在相同的 9 点量表上对他们的个人价值观与其他 3 名玩家的价值观之间的关联程度进行评分。

在事后询问环节过程中，被试被问及他们是否认为自己在与真实的玩家在线互动，他们是否了解其他玩家，以及使用了什么策略。然后，他们被询问了实验装置的情况。

5.2.3 实验程序

每个被试都在一个隔音实验室内面对电脑显示器分别接受测试。被试在知情同意书上签字并阅读信息表后，填写任务前的问题，并拍照留念。然后，被试被要求等待大约 5 分钟，并被告知这段时间需要协同参与实验的其他玩家，其中包括“互动式欺骗”。在此期间，被试被告知要仔细阅读公共物品问题的说明。

在被试参与公共物品问题任务之前，他们会看到自己的照片，以及其他 3 名玩家的照片，并被告知正在与这 3 人一起玩游戏。然后用共情诱导程序来呈现共情条件。他们被告知:“接下来你将看到与你一起参加游戏的其他 3 名被试的资料。当你读这些的时候，试着想象一下这个人对他们刚刚描述的内容的感受。试着想象这是如何影响他们的，以及他们的感受。”在无共情的情况下，研究人员给他们看另外 3 个人的资料，并简单地告诉他们: “接下来你会看到与你一起参加游戏的另外 3 个人的资料。”然后被试开始参与公共物品问题任务。对于每一回合，被试首先看到的是回合数的索引，例如，“这是第 2 回合”。接下来，被试被要求决定他们的 20 个筹码中有多少可以给到这个公共基金。这时，其他 3 名玩家的照片也被展示出来。他们做出决定后，就把选择输入电脑。接下来，他们被要求等待 4 秒到 12 秒，这由程序随机决定。然后以与研究 1 完全相同的方式呈现反馈，包括“其他人的贡献筹码（其他 3 名玩家的贡献总数），你在这次回合的贡献是:（他们贡献的筹码数量），你在这次回合公共基金的份额:（他们从公共基金中得到的筹码），你在这次回合的筹码总数:（他们在这回合总共得到的筹码），和你的筹码在所有回合的累计总数:（他们在所有回合中收到的筹码总数）”。被试被要求用所提供的铅笔和纸将这些值复制到表格中。这样做的原因是为了确保被试注意到每次回合屏幕上显示的所有反馈信息。当他们完成所有这些后，他们被要求按空格键继续下一回合。重复这一过程，直到所有 10 回合结束。

在完成公共物品问题后，被试被要求回答任务后的问题，其中包括关于共情和相似性的自我报告; 然后是人际反应指数。最后，被试全部被告知了研究及其目的。

5.2.4　计分

在人际反应指数共情问卷的评分方面，采用 4 个分量表（观点采择、个人悲伤、想象力和共情关注）分别进行评分。每一个分量表包括 7 个项目; 有些项目得分相反（项目 3、4、7、12、13、14、15 和 19）。具体而言: 观点采择包括项目 3、8、11、15、21、25 和 28; 个人悲伤包括项目 6、10、13、17、19、24 和 27; 想象力包括项目 1、5、7、12、16、23 和 26; 共情关注包括项目 2、4、9、14、18、20 和 22。相似度和共情是根据任务后问题的评分来评估的，范围从 1 分（完全没有）到 9 分（非常多）。

5.3　结　　果

结果分为以下几个部分: 首先，呈现自我报告的相似性和共情得分。其次，分析公共物品问题中的贡献率，以及在 4 种情况中的每种情况下“广义的一报还一报”策略的使用频率。最后，使用回归分析来检验第 1 回合在公共物品问题中的贡献与特质性共情能力之间的潜在关联。

5.3.1　自我报告的相似性和共情

首先，分析基于被试个人价值观的相似性自我报告和共情自我报告，以及其他 3 名玩家在社会价值和经济价值条件下的自我报告来检验是否存在群体差异。相似性的自我报告在 4 种情况下无显著差异。至于共情的自我报告，根据被试阅读的其他小组成员的 3 份资料，价值观和共情之间存在显著的交互作用。这表明高共情情境下，经济价值条件下（$M=5.09$，$SD=17.63$）共情的自我报告低于社会价值条件下（$M=6.33$，$SD=17.63$）共情的自我报告，$F(1, 116)=7.48$，$p=0.007$，$\eta_p^2=0.061$。

5.3.2 公共物品问题：第 1 回合

在第 1 回合中，平均贡献率为 $0.52(SD=0.30)$，$95\%CI$ 在 [0.47，0.58]，处于 $40\% \sim 60\%$ 范畴内。在这个阶段公共物品问题（$N=120$）中价值观的操控不影响贡献的筹码数量，$F(1, 116)=0.435$，$p=0.511$，$\eta_p^2=0.004$，共情的诱导也不影响，$F(1, 116)=2.89$，$p=0.09$，$\eta_p^2=0.024$。在第 1 回合的贡献中价值观与共情之间也没有显著的交互作用，$F(1, 116)=0.001$，$p=0.99, \eta_p^2<0.0001$。

5.3.3 公共物品问题：所有 10 个回合

对被试的每次回合的贡献进行一个 $2\times2\times2\times10$（价值观 [社会价值，经济价值] × 共情 [有共情，无共情] × 欺骗 [欺骗成功，欺骗失败] 作为被试间变量 × 回合数 [回合 1 – 10] 作为被试内变量）的混合方差分析检验。同时进行的 Mauchly 的球形检验显著，$\chi^2(44)=166.63$，$p<0.001$，因此报告使用了 *Greenhouse-Geisser* 的矫正（$\varepsilon=0.71$）。

表 5.1 显示了 4 个条件下的平均贡献筹码数。分析显示，10 回合 × 价值观 × 共情 × 欺骗 4 方效应略显著，$F(6.42, 712.38)=55.95$，$p=0.059$，$\eta_p^2=0.018$。除此之外，其他所有分析都不显著。根据被试是否相信他们在网上与其他 3 名真实玩家互动，将他们分为欺骗成功组（$n=70$）和欺骗失败组（$n=49$）来进行进一步的分析。

表 5.1 研究 2 中所有被试（N=120）、欺骗成功组（n=70）与欺骗失败组（n=49）在 4 种实验条件下的平均贡献值

实验条件	无共情			有共情		
	M（SD）	n	95%CI	M（SD）	n	95%CI
经济价值（N=120）	9.95（4.86）	30	[8.19, 11.71]	6.47（7.61）	30	[3.73, 9.23]
社会价值（N=120）	9.53（4.39）	30	[7.94,11.13]	9.82（3.93）	30	[8.40, 11.24]
经济价值（欺骗成功组 n=70）	9.44（3.00）	24	[8.21,10.66]	6.73（4.25）	22	[4.92, 8.54]
社会价值（欺骗成功组 n=70）	9.14（2.04）	11	[7.86,10.42]	10.38（3.00）	13	[8.71,12.04]
经济价值（欺骗失败组 n=49）	10.47（4.91）	6	[6.42,14.51]	9.71（4.90）	17	[7.31, 12.11]
社会价值（欺骗失败组 n=49）	9.93（4.91）	8	[6.43,13.43]	9.37（4.91）	18	[7.04,11.71]

欺骗成功组（$n=70$）采用 $10\times2\times2$（回合 [回合 1-10] × 价值观 [社会价值，经济价值] × 共情 [无共情，有共情]）重复测量方差分析。如表 5.1 所示，价值观 × 共情之间存在显著的交互作用，$F(1, 66)=6.782$，$p=0.011$，$\eta_p^2=0.093$。用 G*Power 计算了检测的统计效力（http://www.gpower.hhu.de/en.html），（$1-\beta=1.00>0.80$）。

两两比较显示，在有共情的条件下，经济价值和社会价值条件有显著差异，$p = 0.004$，$\eta_p^2 = 0.118$；在无共情的条件下没有显著差异，$p = 0.736$，$\eta_p^2 = 0.002$，这表明存在共情诱导时，被呈现社会价值故事的被试贡献高于那些被呈现经济价值故事的被试。

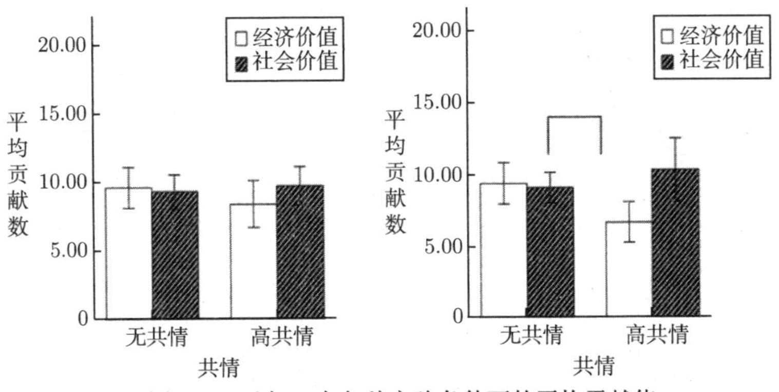

图 5.1　研究 2 中各种实验条件下的平均贡献值

回合数的主效应显著，$F(6.24，411.86) = 9.98$，$p < 0.001$，$\eta_p^2 = 0.13$，$(1 - \beta = 1.00 > 0.80)$，表明每回合整体贡献在下降，这是一个公共物品问题文献中的典型效应。分析还发现回合数 × 共情之间的交互作用临界显著，$F(6.24，411.86) = 1.92$，$p = 0.073$，$\eta^2 = 0.028$，$(1 - \beta = 0.976 > 0.80)$。两两比较表明，第 1 回合的贡献在无共情条件（$M = 10.97$，$SD = 4.63$，$95\%CI[9.41，12.54]$）下与高共情条件（$M = 8.07$，$SD = 6.42$，$95\%CI[5.90，10.24]$）下存在显著差异，$p = 0.034$，$d = 0.52$。

现在来看看欺骗失败组（$n = 49$），虽然很难解释这个组的行为，但他们的贡献模式确实提供了一些有趣的见解。在研究 2 中，公共物品问题结束后的筹码被转换成真实的货币。因此，从理性上讲，欺骗失败组应该始终在每一回合中都不做任何贡献，因为亲社会行为被抑制了，他们认为自己没有与真正的玩家互动。然而，就像在研究 1 中一样，在研究 2 中，公共物品问题设置的社会性质似乎鼓励欺骗失败组的贡献大于零 $[M = 9.71，SD = 4.77，t(48) = 14.25，p < 0.001]$，如表 5.1 所示。对欺骗失败组进行 10 回合公共物品问题和第 1 回合公共物品问题数据的重复测量方差分析显示，没有显著的主效应或交互作用。

5.3.4　“广义的一报还一报”策略

为了检验主要的操纵（共情和价值观）对采用“广义的一报还一报”策略使用频率的影响，我们对每种情况下使用该策略的被试数量进行了对数线性分析。以往的研究表明，“一报还一报”策略是社会困境中常见的策略，如囚徒困境；“广义的一报还一报”策略是公共物品问题中的匹配策略。因此，第 2 回合至第 10 回合被试的贡献与其他 3 名玩家第 1 回合至第 9 回合的平均贡献相关。如果相关性显著，则将这些玩家归类为使用“广义的一报还一报”策略，如果相关性不显著，则将这些玩家归类为使用其他策略。表 5.2 显示了在每种条件下使用“广义的一报还一报”策略的人数和比例。对数线性分析显示，与共情条件相比，无共情条件下更多的被试被划分为使用“广义的一报还一报”策略，$Z = 2.815$，$p = 0.005$，$(N = 120)$；$Z = 2.926$，$p = 0.040$，$(n = 70)$。虽然共情诱导操作并没有导致公共物品问题中总体贡献增加，但它确实影响了被试使用的策略类型，并阻止了“广义的一报还一报”策略的使用。

表 5.2　研究 2 中所有被试（N=120）与欺骗成功组（n=70）在 4 种实验条件下使用“广义的一报还一报”策略分析结果

价值观	无共情		有共情	
	$N = 120$	$n = 70$	$N = 120$	$n = 70$
经济价值	11/30（36.67%）	10/24（41.67%）	5/30（16.67%）	2/11（18.18%）
社会价值	11/30（36.67%）	10/22（45.45%）	3/30（10%）	2/13（15.38%）

5.3.5　公共物品问题与共情特质的回归分析

为了检验特质性共情与公共物品问题中贡献率之间的关系，本研究对第 1 回合的贡献、年龄和人际反应指数分量表（观点采择、个人悲伤、想象力及共情关注）的得分进行了线性回归分析。从表 5.3 中可以看出，对于欺骗成功组，人际反应指数的所有子量表都不能预测在公共物品问题中第 1 回合的贡献。

表 5.3　欺骗成功组与欺骗失败组第 1 回合公共物品问题预测贡献变量的分层回归分析

变量	B	SEB	β	95%CI
步骤 1				
年龄	−0.051	0.202	−0.037	[−0.458, 0.355]
步骤 2				
年龄	−0.131	0.25	−0.094	[−0.636, 0.374]
观点采择	0.938	0.806	0.186	[−0.688, 2.564]
个人悲伤	−0.346	0.745	−0.079	[−1.848, 1.156]
想象力	0.105	0.648	0.026	[−1.202, 1.413]
共情关注	−1.342	1.471	−0.197	[−4.308, 1.625]
步骤 1				
年龄	−0.058	0.19	−0.044	[−0.439, 0.323]
步骤 2				
年龄	−0.118	0.191	−0.091	[−0.503, 0.266]
观点采择	0.384	1.425	0.04	[−2.489, 3.256]
个人悲伤	3.608	1.52	0.374*	[0.543, 6.673]
想象力	0.084	1.19	0.011	[−2.316, 2.484]
共情关注	−3.355	1.87	−0.279	[−7.126, 0.417]

注: $* P < 0.05$。

5.4 讨　　论

除了重复验证研究 1，研究 2 还被设计用于研究在线互动社交困境游戏（公共物品问题）中可能影响合作的潜在相关线索。为此，研究 2 发现，与研究 1 相一致，共情诱导操作本身并没有导致无共情条件下的合作增加，但它确实影响了公共物品问题中使用的策略类型。此外，研究 2 发现，对于那些认为自己是在与真实的玩家在线互动的人来说，价值观在有观点采择引导的情况下确实会影响公共物品问题中的合作行为。特别是，当被试与社会价值占主导地位的被试互动时，他们的贡献要高于那些与经济价值占主导地位的被试互动时的贡献。这支持了假设 2。此外，与研究 1 的证据相一致，研究 2 发现，即使被试不相信自己是在与真正的被试互动，他们也会贡献给公共基金。

同样，与研究 1 一样，研究 2 也没有发现共情与合作之间的联系，这被假定为在没有面对面互动的情况下呈现了一项社会困境任务的结果，这被认为是共情发挥作用的重要因素（Batson & Moran, 1999; Rumble et al., 2010; Xu, Kou & Zhong, 2012）。在研究 2 中，共情操纵与其他发现共情对亲社会行为的促进作用的研究采用的是相同的方法, 这种混合的结果可能是由于公共物品问题程序的差异，而不是在线互动时共情本身不是那么有效的情感线索。在研究 1 和研究 2 中，被试被要求决定他们向公共基金贡献多少筹码，而在之前的研究中，被试可以决定向公共基金或单个玩家贡献多少筹码。这可能是一个关键的区别，因为当在巴特森等（Batson et al., 1995）的研究基础上诱导共情时，被试增加了与共情程度最高的目标玩家的合作，这在目前的研究中是不可能的。

在研究 2 中，研究人员向被试展示了其他玩家个人经历的细节，因此，从理论上讲，他们能够对此产生共情，并通过更全面的合作来展现他们的亲社会倾向。虽然共情本身并没有在合作行为中表现出来，但那些被诱导产生共情的人更少地使用“广义的一报还一报”策略，而这种策略通常被认为是阻止亲社会行为的一种有效防御手段（Komorita, Parks, Hulbert, 1992）。此外，本研究还探讨了将特质性共情能力作为公共物品问题第 1 回合贡献的预测因子；然而，只有微弱的证据表明两者之间存在联系。同样，这可能是公共物品问题所采用的程序导致的结果，或者是因为在与他人在线互动时，共情与合作之间存在不稳定的联系。

此外，研究 2 确实发现，有证据表明被试在线发出亲社会行为倾向的信号是一个有用的线索，用来确定他们合作的程度，这与帕克斯（Parks）的综合模型一致（C. D. Parks et al., 2013）。正如之前的研究表明，如果一个人得到的信息展现了亲社会行为，如可信度（Stave, 1983），他与陌生人的合作行为就会增加。虽然本研究是同类研究中首次在线性公共物品问题中为价值观的中介作用提供证据的研究，但它进一步支持了沃克等（2011）的研究，该研究表明价值观在合作中确实发挥了作用。这些研究提出的一个问题是，在公共物品问题中，价值观在决定合作行为中起着什么作用。考虑到贡献的总体模式在各个回合都在衰减，这与公共物品问题之前的研究一致（Ledyard, 1994），将价值观的作用概念化的一种方法是，相对于发出经济价值信号而言，发出社会价值信号可以减少衰减。因此，本研究的发现声称，传递物质价值本身就是增加整体合作的一种方式，至少对于线性公共物品问题是这样的。为了支持这一观点，对公共物品问题的进一步研究必须表明，被试（无论是与真实玩家还是虚拟玩家互动）在不提供任何信息的情况下（与提供经济价值信号的信息相比），在整个回合中系统地做出更高的贡献。

根据经济学家和心理学家的建议，研究 2 和研究 1 的线性公共物品问题的标准经济版本（Hertwig & Ortmann, 2001）一样，使用了实际的财务激励，而不是固定的支付或信贷。然而，研究 1 和研究 2 引入了一种社会—互动—欺骗的形式，“互动式欺骗”，即被试被引导相信他们是在与真实的玩家互动。尽管存在这种情况，研究 2 表明，第 1 回合总体贡献值处于公共基金 40%~60% 的标准范围内，而这一结果与先前研究者研究相一致（Ledyard, 1994）。这表明，观察到的决策行为与之前的经济研究一致，这些研究涉及与真实玩家的真实互动（尽管通常不是直接面对面的）。然而，为了研究“互动式欺骗”对决策行为的影响，被试被问及他们是否真的相信自己在与真实的玩家互动时，只有一小部分人不相信。令人好奇的是，这些被试在知道自己没有与真正的被试互动的情况下继续做出贡献，而理性的策略是在每一回合都不做任何贡献。对此的一种解释是，正如第 4 章所推测的那样，被试受社会期望偏差的影响，即倾向于以积极的社交方式展现自己，从而被他人接受（Edwards, 1957; King & Bruner, 2000）。尽管如此，在研究 2 中，58% 的被试表示他们相信自己是真的在与真实的玩家互动，并显示出与研究 2 预测相符的可观察到的行为模式。未来的研究中包含的使用操作应该包括检查确定被试是否意识到欺骗的存在，无论使用何种欺骗。

5.5 结　　论

总体而言，研究 2 表明，在社会困境中，当观点采择引导被设计成诱导共情时，社会价值观的信号相对于经济价值观更能保持合作。此外，共情减少了典型的互惠策略（“广义的一报还一报”策略）使用的可能性。综合研究 1 和研究 2，共情是增加合作行为的一种较弱的方法，但与其他因素相结合，如通过个人价值观发出亲社会信号，至少在公共物品问题中保持了合理的合作水平。鉴于此，研究 3 的目的是进一步探索其他因素，结合诱导共情，来增加公共物品问题中的合作。

本章参考文献

Ahn H, Powell J L. (1997). Estimation of censored selection model with a nonparametric model. J. Econometrics, 58, 3-30.

Axelrod, R., Hamilton, W. D. (1981). The evolution of cooperation. Science, 211(4489), 1390-1396. doi: 10.1126/science.7466396

Balliet, D., Parks, C. D., Joireman, J. (2009). Social value orientation and cooperation in social dilemmas: A meta-analysis. Group Processes Intergroup Relations, 12(4), 533-547. doi: 10.1177/1368430209105040

Bardi, A., Schwartz, S. H. (2003). Values and behavior: Strength and structure of relations. Personality and Social Psychology Bulletin, 29(10), 1207-1220. doi: 10.1177/0146167-203254602

Batson, C. D., Ahmad, N. (2001). Empathy-induced altruism in a prisoner's dilemma ii: What if the target of empathy has defected? European Journal of Social Psychology, 31(1), 25-36. doi: 10.1002/ejsp.26

Batson, C. D., Batson, J. G., Todd, R., Brummett, B., Shaw, L., Aldeguer, C. (1995). Empathy and the collective good: Caring for one of the others in a social dilemma. Journal of Personality and Social Psychology, 68(4), 619-631. doi: 10.1037/0022-3514.68.4.619

Batson, C. D., Moran, T. (1999). Empathy-induced altruism in a prisoner's dilemma. European Journal of Social Psychology, 29(7), 909-924. doi: 10.1002/(SICI)1099-0992(199911)29:7¡909::AID-EJSP965¿3.0.CO;2-L

Bilsky, W., Schwartz, S. H. (1994). Values and personality. European Journal of Personality, 8(3), 163-181. doi: 10.1002/per.2410080303

Bogaert, S., Boone, C., Declerck, C. (2008). Social value orientation and cooperation in social dilemmas: A review and conceptual model. British Journal of Social Psychology, 47(3), 453-480. doi: 10.1348/014466607X244970

Davis, M. H. (1983). Measuring individual differences in empathy: Evidence for a multidimensional approach. Journal of Personality and Social Psychology, 44(1), 113-126. doi: 10.1037/0022-3514.44.1.113

Dawes, R. M. (1980). Social dilemmas. Annual Review of Psychology, 31(1), 169-193. doi:10.1146/annurev.ps.31.020180.001125

Edwards, A. L. (1957). The social desirability variable in personality assessment and research. US: Dryden Press.

Fehr, E., Gachter, S. (2000). Cooperation and punishment in public goods experiments. Institute for Empirical Research in Economics Working Paper, 90(4), 980-994. doi: 10.1257/aer.90.4.980

Hertwig, R., Ortmann, A. (2001). Experimental practices in economics: A methodological challenge for psychologists? Behavioral and Brain Sciences, 24(3), 383-403.

Keltner, D., Kogan, A., Piff, P. K., Saturn, S. R. (2014). The sociocultural appraisals, values, and emotions (save) framework of prosociality: Core processes from gene to meme. Annual Review of Psychology, 65, 425-460. doi: 10.1146/annurev-psych-010213-115054

King, M. F., Bruner, G. C. (2000). Social desirability bias: A neglected aspect of validity testing. Psychology and Marketing, 17(2), 79-103. doi: 10.1002/(SICI)1520-6793(200002)17:2¡79::AID-MAR2¿3.0.CO;2-0

Komorita, S. S., Parks, C. D., Hulbert, L. (1992). Reciprocity and the induction of cooperation in social dilemmas. Journal of Personality and Social Psychology, 62(4), 607-617. doi: 10.1037/0022-3514.62.4.607

Kurzban, R., Houser, D. (2005). Experiments investigating cooperative s in humans: A complement to evolutionary theory and simulations. Proceedings of the National Academy of Sciences of the United States of America, 102(5), 1803-1807. doi: 10.1073/pnas.0408759102

Ledyard, J. O. (1994). Public goods: A survey of experimental research. Public Economics.

Olver, J. M., Mooradian, T. A. (2003). Personality traits and personal values: A conceptual and empirical integration. Personality and Individual Differences, 35(1), 109-125. doi: 10.1016/S0191-8869(02)00145-9

Osman, M. (2014). Future-minded: The psychology of agency and control. London: Palgrave Macmillan.

Parks, C. D., Joireman, J., Van Lange, P. A. M. (2013). Cooperation, trust, and antagonism: How public goods are promoted. Psychological Science in the Public Interest, 14(3), 119-165. doi: 10.1177/1529100612474436

Parks, L., Guay, R. P. (2009). Personality, values, and motivation. Personality and Individual Differences, 47(7), 675-684. doi: 10.1016/j.paid.2009.06.002

Probst, T. M., Carnevale, P. J., Triandis, H. C. (1999). Cultural values in intergroup and single-group social dilemmas. Organizational Behavior and Human Decision Processes, 77(3), 171-191. doi: 10.1006/obhd.1999.2822

Rand, D. G., Greene, J., Nowak, M. (2012). Spontaneous giving and calculated greed. Nature, 489(7416), 427-430. doi: 10.1038/nature11467

Rand, D. G., Nowak, M. A. (2013). Human cooperation. Trends in Cognitive Sciences, 17(8), 413-425.doi:10.1016/j.tics.2013.06.003

Rumble, A. C., Van Lange, P. A. M., Parks, C. D. (2010). The benefits of empathy: When empathy may sustain cooperation in social dilemmas. European Journal of Social Psychology, 40(5), 856-866. doi: 10.1002/ejsp.659

Schwartz, S. H., Huismans, S. (1995). Value priorities and religiosity in four western religions. Social Psychology Quarterly, 58(2), 88-107. doi: 10.2307/2787148

Simpson, B. (2004). Social values, subjective transformations, and cooperation in social dilemmas. Social Psychology Quarterly, 67(4), 385-395. doi: 10.1177/019027250406700404

Stave, J. A. (1983). The relationship between empathic dentist behavior and children's cooperation. Journal of Dental Education, 47(8), 555-557.

Tyler, T. R. (2011). Why do people cooperate? New Jersey, USA: Princeton University Press.

Van Lange, P. A. M. (1999). The pursuit of joint outcomes and equality in outcomes: An integrative model of social value orientation. Journal of Personality and Social Psychology, 77(2), 337-349. doi: 10.1037/0022-3514.77.2.337

Vernon, E., P, Allport, G. W. (1931). A test for personal values. The Journal of Abnormal and Social Psychology, XXVI(3), 231-248.

Volk, S., Thoni, C., Ruigrok, W. (2011). Personality, personal values and cooperation preferences in public goods games: A longitudinal study. Personality and Individual Differences, 50(6), 810-815. doi: 10.1016/j.paid.2011.01.001

Xu, H., Kou, Y., Zhong, N. (2012). The effect of empathy on cooperation, forgiveness, and "returning good for evil" in the prisoner's dilemma. Public Personnel Management, 41(5), 105-115. doi: 10.1177/009102601204100510

第6章　实证研究 3：异质群体公共物品问题中的共情合作关系

关键词

- 地位（status）
- 社会地位（social status）
- 社会阶层（social class）
- 社会经济地位（socio-economic status）

本章导读

本章呈现了研究 3，其包括两个实验（实验 3a 和实验 3b）。这两个实验的目的在于进一步探讨共情—合作关系，重点关注社会地位。研究 1 纯粹地关注共情和合作之间建立的联系，研究 2 旨在复制和扩展研究 1 的结果，研究 3 探索在社会困境游戏中操纵个体间的地位的条件下，共情对合作行为的影响的程度。通过关注社会地位去研究不同类型的社会结构在社会困境问题中对行为的影响，以及共情是否能够在支持合作行为方面产生显著影响。

在研究 3 中将验证以下 5 个假设：假设 1：低地位群体比高地位群体更依赖于社区；因此，无论是否有共情的诱发，低地位群体会表现出更高的合作水平；假设 2：在通过运气（实验 3a）而不是努力（实验 3b）获得地位的群体中，发生合作行为的可能性较大；假设 3：根据共情利他假说，诱发对他人遭受苦难的共情会促进合作行为；假设 4：高共情特质的人在公共物品游戏中第 1 回合的得分更高；假设 5：共情的诱发将减少使用“广义的一报还一报”策略的可能性。

研究 3 探究当个体在群体中的地位（即拥有比群体成员更多 [高] 或更少 [低] 的资源）是由运气因素或努力程度决定时，共情在多大程度上调节合作行为。研究 3 采用的研究方法与研究 1 和研究 2 相似。研究 3 让 1 名真实的玩家和 3 名虚拟玩家参与一个线性公共物品问题的任务。实验 3a 和 3b 的结果表明，无论被试被赋予他们的地位（实验 3a 运气—地位）或者获得他们的地位（实验 3b 努力—地位），高地位被试个体与低地位被试个体相比，呈现出较低的贡献比例，这表明高地位群体合作表现不如低地位群体合作。共情本身并没有导致贡献比例的增加，但当经过努力获得高地位之后，低地位组的贡献比例却保持不变（实验 3b 努力—地位）。总体而言，研究 3 的结果表明，当金钱激励特别显著时，共情引发的利他主义不能很好地激励群体中的合作行为。

6.1 引　言

机会公平既可以由运气决定，也可以由努力决定；也就是说，在其他条件相同的情况下，更多的资源可以通过所有成员都能接触到的平等的偶然机会获得，或者通过个体单独的努力获得。能在多大程度上成功地促进亲社会行为取决于通过运气或努力获得地位的方式。这一实证问题构成研究 3 的基础。正如第 3 章所提到的，亲社会行为是一个广泛的行为类别，是由整个或很大一部分社会群体同意的，通常与对他人有益的行为（Penner, Dovidio, Piliavin & Schroeder, 2005）合作，是亲社会行为中最为频繁的行为之一。地位是一个术语，包括但不限于社会经济地位（SES）、社会影响力资源持有潜力与社会阶层（Kafashan, S-parks, Griskevicius & Barclay, 2014），后者被发现会影响与社会参与相关的行为（Cote, 2011; Kraus & Stephens, 2012）。

一些实验研究表明，如何检验地位和合作行为方面的亲社会性之间存在联系。在通过机会操纵达到的机会均等条件下（Muehlbacher & Kirchler, 2009），实验者随机分配筹码给参与者，模拟通过继承获得财富（Komorita, Parks & Hulbert, 1992）或通过彩票获得财富。在通过努力获得平等机会的条件下，努力程度通过在特定任务中的表现来衡量，并以此为标准分配筹码，该任务旨在模拟通过满足工作设置中的性能标准来获得更大财富（Kroll, Cherry & Shogren, 2007）。综上所述，一般的研究结果表明，当社会地位是通过努力而非运气获得时，亲社会性会减弱（Muehlbacher & Kirchler, 2009）。虽然这项研究表明，一般来说，社会地位所基于的基础反过来会影响亲社会的表现，但它并没有涉及社会地位和亲社会之间的联系，而亲社会本身也是解决激发本研究的目标问题的一个重要组成部分。

研究 3 的一个主要动机是检查地位与社会道德之间的联系，卡法山等（Kafashan et al., 2014）声称是两种联系中的一种，要么亲社会行为可以用来帮助获得地位（Willer, 2009），要么拥有地位可以改变参与亲社会行为的成本和收益。关于后者，有证据表明，在慈善捐赠方面，地位低的人比地位高的人更有可能表现出亲社会的行为（Bennett, 2012; Piff, Kraus, Cote, Cheng & Keltner, 2010）。一些实验在研究这种行为方式在多大程度上能延伸到其他的情境中，如实验室的任务。一个线性公共物品问题，仅由一个每个人都不贡献的纳什均衡，和一个每个人都贡献了一切的帕累托最优（Abele, Stasser & Chartier, 2010）组成。四个玩家（即合作指数），都可以选择将自己的一部分资金捐赠给一个公共基金池（即合作指数），在经典线性公共物品游戏中，每个玩家分配到相同数量的筹码（同质条件）。异质条件下，不同的地位，可以通过在玩家之间分配不相等数量的筹码来引入（Cherry, Kroll & Shogren, 2005），与地位和慈善捐赠的研究一致，有一些证据表明，低地位的个人（即那些被赋予比群体更少的筹码的人）比高地位的个人贡献的更多（Piff et al., 2010）。鉴于公共物品问题中对禀赋异质性的实验操作创造了一个低地位和高地位的实验室模拟，本研究采用了类似的范式。根据先前的工作，假设社会地位影响亲社会行为的成本和效益，预测社会地位低时，无论以何种方式实现（即运气、努力），都将通过对公共利益的贡献，导致亲社会行为的更大表现。然而，这种操纵本身并没有解决如何与地位和慈善捐赠的研究保持一致的问题，有一些证据表明，地位低的个人（即那些被赋予比群体更少的筹码的人）比地位高的个人贡献的更多（Piff et al., 2010）。鉴于公共物品问题中对禀赋异质性的实验操作创造了一个低地位和高地位的实验室模拟，本研究采用了类似的范式。根据先前的工作，假设社会地位影响亲社会行为的成本和效益，预测社会地位低，无论以何种方式实现（即运气、努力），都将通过对公共利益的贡献，导致亲社会行为的更大表现。然而，这种操纵本身并没有解决如何人为地在地位低和地位高的群体中促进亲社会行为的问题。

根据第 2 章的理论可知，不同的社会地位会影响一个人的成本和收益分析，从而导致行为的变化。因此，如果一个人在群体中的相对地位发生了变化，那么合作行为的倾向性就会随着物质资源交换的改变或他们可能获得的相对身份的改变而改变。然而，这些理论并没有考虑共情诱导的利他动机是否会增加这种情境下的合作。共情利他假说（Batson, 2011）预测，如果人们对另一个群体成员产生共情，就会对他们产生利他性动机。

为了达到研究 3 的主要目的，和验证许多关于机会平等、地位、合作和同理心的杰出实证研究提出的问题，研究 3 进行了两个实验以探索当禀赋异构和原始地位被操纵时共情的作用。每个实验（实验 3a，实验 3b）都评估了共情对重复实验中线性公共物品问题合作行为的影响程度。在三种平等模式中，合作行为是根据对社区资源的贡献比例测量的。实验 3a（运气—地位）评估了由偶然机会决定地位的条件下的行为（即从红球和蓝球均匀分布的盒子中抽出一个球）。实验 3b（努力—地位）评估了由努力决定地位（即一个功能认知测试的表现）时的行为，在这种情况下，机会均等，但资源不平等。

研究 3 提出了以下 5 个假设：假设 1：根据资源交换理论（Kelley & Thibaut, 1978）可知，低地位群体比高地位群体更依赖于社区；因此，无论是否有共情的诱发，低地位群体会表现出更高的合作水平；假设 2：在通过运气而不是努力获得地位的群体中，发生合作行为的可能性较大；假设 3：根据共情利他假说（Batson, 2011）可知，诱发对他人遭受苦难的共情会促进合作行为；假设 4：高共情特质的人在公共物品游戏中第一回合的得分更高（这里共情特质一般是使用人际反应指数的子量表来测量的，尽管研究 1 和研究 2 没有说明这一点）；假设 5：共情的诱发将减少使用“广义的一报还一报”策略的可能性（Axelrod & Hamilton, 1981）。因为“广义的一报还一报”策略被认为是最有效的战略主义（符合研究的结果 2）。这种策略往往会产生更多的个人利益，而不是总体战略为无情的背叛，即使叛逃是每个试验的最优解（Axelrod, 1984）。

6.2　方　　法

6.2.1　方法概述

研究 3 包括 2 个实验，真实玩家与 3 名虚构玩家在一个线性的公共物品问题中进行 10 回合游戏，就像在研究 1 和研究 2 中一样。在实验 3a 中，玩家被分配到关键的实验条件（高地位与低地位），是基于从一个封闭的黑盒子（运气地位）中随机抽取的一个彩色球。在黑盒子里有一个蓝色的球和一个红色的球，所以他们被分配到高地位组和低地位组的概率分别是 50%。如果选择了蓝色的球，玩家被分配到低地位的条件下；如果选择了红色的球，被分配到高地位的条件下。高地位条件下的禀赋分配分布为：真实玩家 30 筹码，虚构玩家各 20 筹码。低地位下的禀赋分配分布为：真实玩家 10 筹码，虚构玩家各 20 筹码。在实验 3b 中，参与者根据他们在数字抵消测试（努力状态）中的表现被分配到不同地位（高地位或低地位）。禀赋分配分布与实验 3a 相同。使用 G*power 进行先验统计效力分析，以推断本研究所需的样本量（Faul, Erdfelder, Lang & Buchner, 2007）。科恩提出假设共情是有关中介的效应量（$f = 0.25$），采用重复测量方差分析（J. Cohen, 1988），所需的总样本量是 72，统计效力为（$1 - \beta = 0.8$）。

这两个实验的数据分析遵循相同的结构。首先，分析评估了共情操作的有效性，使用重复测量方差分析的方法通过贡献比例来检验共情和地位对合作行为的影响。其次，研究在所有情况下使用“广义的一报还一报”策略的参与者的数量和比例，以检查使用“广义的一报还一报”策略的倾向是否受到操作的影响。最后，通过回归分析来评估人际反应指数的分量表测量的共情特质是否能够预测公共物品问题中第 1 回合的贡献。

实验 3a 实验 3a 的目的是检验在公共物品问题游戏中地位（高与低）是通过偶然获得的情况下共情对合作的影响。

6.2.2　实验方法（实验 3a）

6.2.2.1　被试

94 名志愿者（58 名女性和 36 名男性）是通过电子邮件通知和发放传单的方式从伦敦玛丽女王大学招募的。真实玩家的平均年龄为 20.71 岁（年龄介乎 17 岁至 32 岁；$SD = 3.09$）。根据分配给他们的条件，他们得到了不同的最终付款。在地位较高的情况下，被试的薪酬在 10 英镑至 15 英镑之间; 在地位较低的情况下，被试的报酬从 5 英镑到 7 英镑不等。

所有玩家在参与前均给予书面知情同意。实验结束后，玩家根据在公共物品问题中获得的筹码获得一定的参与报酬。在公共物品问题中，25 个筹码相当于 1 英镑，这是所有参与者最开始就知情的。伦敦玛丽女王大学伦理委员会批准了这项研究（QMREC1190）。

6.2.2.2 实验设计和材料

实验 3a 为 2×2（共情 [高共情，无共情]× 运气—地位 [高地位，低地位]）的实验设计。关键因变量为玩家在每回合公共物品游戏中的贡献比例，游戏共 10 回合。对玩家的贡献进行了一回合又一回合的评估。此外，实验记录了在主要任务之前（人口统计、个人故事、爱好）和之后（特质性共情、相似性估计、共情估计、学习的可信度、策略发展）给出的一组问题中的其他依赖测量。实验前任务的问题包括年龄和性别问题，参与者的积极（即“描述一个事件发生在去年使你快乐”）和消极（即“描述一个事件发生在去年让你伤心”）的经验，以及他们的爱好。任务后的问题包括评价量表，以评估参与者对 3 名虚拟玩家的相似度和共情的判断。任务后的问题记录了参与者对其他 3 名虚拟玩家的印象（相似度、共情），分值为 9 分，范围从 1（完全没有）到 9（非常多）。此外，研究人员还向参与者展示了人际反应指数问卷，该问卷被广泛用于测量成年人的性格共情能力，包括四个分量表:观点采择、共情关注、个人悲伤和想象力（Davis, 1983）。实验开始时，参与者用手机摄像头拍摄的照片和 3 名虚拟玩家的照片一起被上传到屏幕上；这些步骤的设计是为了确保参与者认为游戏中的所有参与者都在经历同样的过程，并在网上进行实时互动。最后，与研究 1 和研究 2 一样，研究人员向参与者提出了汇报问题，以评估他们是否相信自己在网上与另外 3 名参与者互动，以及他们是否认出了另外 3 名参与者。

采用 E-prime 2.0 软件，通过计算机对公共物品游戏进行编程和实现。游戏的安排是这样的，每个真实玩家与另外 3 名玩家一起玩，他们的真实个人资料（包括他们经历的负面事件，或他们选择的爱好）和照片都是事先准备好的；这种方法通常被称为“互动式欺骗”。高共情条件下, 其他 3 名玩家的资料包含负面事件和经历（玩家 1 = 和伴侣分手，玩家 2 = 车祸，玩家 3 = 手机被偷），这在一定程度上可分为社会痛苦或心理痛苦。此外，参与者还接受了共情诱导方法的指导，与研究 1 和研究 2 中的方法相同。在无共情的情况下，参与者的个人资料涉及中性事件（玩家 1 = 游泳，玩家 2 = 骑自行车，玩家 3 = 大多数早晨跑步）。没有关于如何阅读概要文件的观点采择指导。

在主实验前，对每个实验条件进行玩家分配。这项研究涉及一个身份操纵，在每回合游戏中，一半的真实玩家被赋予 30 个筹码（高地位），另一半被赋予 10 个筹码（低地位）。其他 3 名虚拟玩家每回合都被设置为 20 个筹码，而不受高地位组和低地位组的影响。在这个公共物品游戏中，3 名虚拟玩家的贡献金额是固定的，与研究 1 和研究 2 类似。此外，为了帮助参与者更好地理解他们在实验中的收益，在启动公共物品项目之前，还向被试提供了一个解释每回合筹码计算方法的方程，如 $(30 - X) + (X + X_a + X_b + X_c) \times (1 + 40\%)/4$ 处于高地位状态，$(10 - X) + (X + X_a + X_b + X_c) \times (1 + 40\%)/4$ 处于低地位状态（X 指的是在普通情况下的贡献）。

6.2.2.3　实验程序

每个被试都在一个面对电脑显示器的隔音实验室内单独接受测试。在阅读了信息表并签署了同意书后，真实玩家被要求从一个黑色的盒子里挑选一个球，不能看盒子里面，并被告知球的颜色决定了他们的实验小组。如果选择红球，玩家被分配到高地位的条件；如果选择蓝球，他们被分配到低地位的条件。

接下来，主试告诉被试，实验要求他们和其他 3 名玩家一起工作，他们需要做一些准备。“正如我们在信息表中所说，你将与其他 3 名玩家线上共同完成这项任务。但是我们不能让你们互相交谈，因为我们需要在控制条件下进行这项研究。我们会和其他 3 名玩家交换你的资料。为了做到这一点，我们需要收集你的照片和一些个人信息。”在告知他们的数据是保密的情况下，被试被要求填写任务前问题，并保持面部无表情在一面白色背景墙前拍照。然后，真实玩家被要求等待大约 5 分钟，并被告知这段时间需要用来协调参与实验的其他玩家。在此期间，玩家被告知要仔细阅读公共物品问题的说明。他们得到了与所选球的颜色相对应的指示。高地位玩家每回合得到 30 个筹码，低地位玩家每回合得到 10 个筹码。

主试将玩家的照片上传到运行公共物品问题程序的电脑上，然后回到实验隔间。主试要求玩家描述他们对指令的理解，以证明他们理解任务。然后，主试向真实玩家展示其他 3 名玩家的照片和他们自己的照片。“这些就是和你一组的其他玩家。你会在程序中看到他们的资料。”为了更有说服力，真实玩家的照片总是第一张，然后是另外 3 张照片。在输入一些基本信息（参与者人数、性别、年龄）后，再次向他们展示公共物品游戏项目的说明。然后他们被要求再次等待，主试则要求其他玩家做好准备。主试在 30 秒到 60 秒之间返回后，他们按空格键开始实验。

在公共物品问题中，高共情条件由共情诱导程序引发。玩家被告知：“接下来你将看到与你一起实验的其他 3 名玩家的简介。当你阅读时，试着想象一下他们对刚刚描述的内容的感受。试着想象它是如何影响他们的，以及他们的感受。”在无共情的条件下，参与者被告知:“接下来你将看到与你一起实验的其他 3 名玩家的简介。”然后，主试会连续向玩家展示另外 3 名玩家的照片和个人资料，让他们在公共物品游戏开始前阅读。在每 1 回合游戏中，当玩家决定他们要贡献多少筹码时，他们会看到其他 3 位玩家的照片。在高地位条件下，贡献范围为 0~30 筹码；而在低地位的条件下，范围为 0~10 筹码。在他们做出决定后，输入自己的选择，并被要求等待 4~12 秒，这由程序随机决定。然后玩家会得到反馈，“其他人贡献了筹码:（其他 3 名玩家贡献的总和）；您这次回合的贡献是:（他们贡献的筹码数量）；你在这回合游戏中得到的奖励份额:（他们在这回合游戏中将获得的筹码总数）；以及您在所有回合中收到的筹码累计总数（即他们在所有回合中收到的筹码总数）”。然后游戏进入下一回合。重复这一过程，直到所有 10 回合结束。玩家被要求必须用笔把每次回合的数值都记录在一张表格上。这样做是为了确保参与者注意到每次回合屏幕上显示的所有反馈。在完成公共物品游戏后，研究人员向被试发放任务后问卷，并解释了研究细节、研究目的和互动式欺骗问题。

6.2.3 实验结果（实验 3a）

6.2.3.1 共情的显著性检验

在实验 3a 中，对高共情条件（$n = 49$）和无共情条件（$n = 45$）下真实玩家对其他玩家经历的共情程度进行了独立样本 t 检验。高共情条件下（$M = 4.75$，$SD = 1.44$）玩家共情程度显著高于低共情条件（$M = 3.71$，$SD = 1.96$）下的共情程度，$t(92) = -2.91$，$p = 0.005$，$d = -0.604$，$95\%CI[-1.75，-0.33]$。

6.2.3.2 共情和地位操作

共情（高共情，无共情）和运气—地位（高地位，低地位）4 种不同水平下的玩家在 10 回合游戏中贡献比例的均值和标准差如图 6.1 所示。以第一回合游戏中玩家贡献比例为因变量，共情和运气—地位为固定变量，进行单因素方差分析。运气—地位和共情之间不存在交互作用，$F(1，90) = 0.50$，$p = 0.82$，$\eta_p^2 = 0.001$；共情的主效应不显著，$F(1，90) = 2.04$，$p = 0.16$，$\eta_p^2 = 0.022$；运气—地位的主效应不显著，$F(1，90) = 3.47$，$p = 0.066$，$\eta_p^2 = 0.037$。

对各回合的贡献比例，采用 $10 \times 2 \times 2$（游戏回合数 10 × 被试间变量 × 共情 [高共情，无共情]× 运气—地位 [高地位，低地位]）被试间重复测量方差进行分析。运气—地位和共情之间交互作用不显著，$F(1，90) = 0.87$，$p = 0.36$，$\eta_p^2 = 0.01$，如图 6.2 所示；共情的主效应不显著，如图 6.2 所示，$F(1,90) = 0.23$，$p = 0.64$，$\eta_p^2 = 0.003$；运气—地位的主效应显著，如图 6.2 所示，$F(1，90) = 5.55$，$p = 0.02$，$\eta_p^2 = 0.058$；游戏回合数的主效应显著，$F(9，810) = 5.87$，$p < 0.0001$，$\eta_p^2 = 0.06$。研究结果表明，正如公共物品问题研究中通常发现的那样，总体贡献在回合数中呈下降趋势，而且低地位组的总体贡献高于高地位组。所有其他未报告的相互作用都不显著。所

有统计均采用 *Greenhouse-Geisser* 检验。

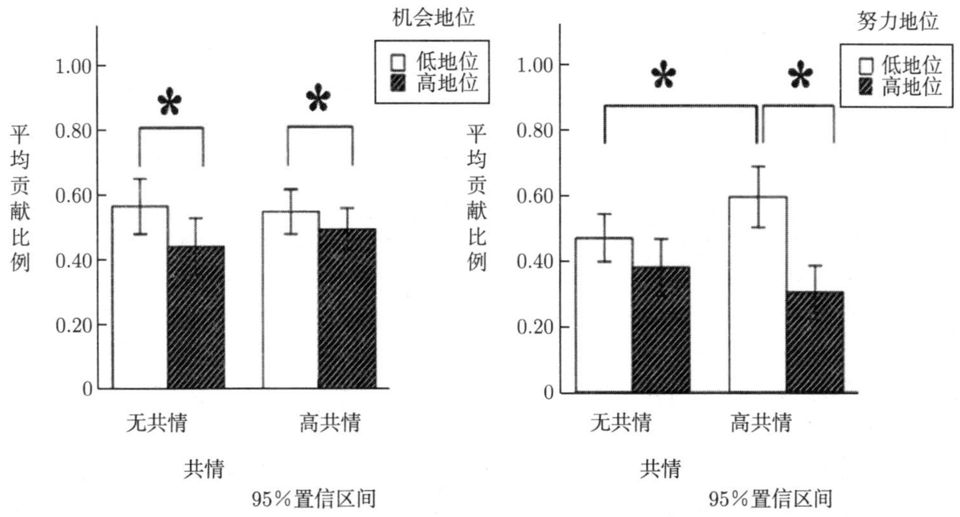

图 6.1　研究 3 中不同实验条件下的贡献比例

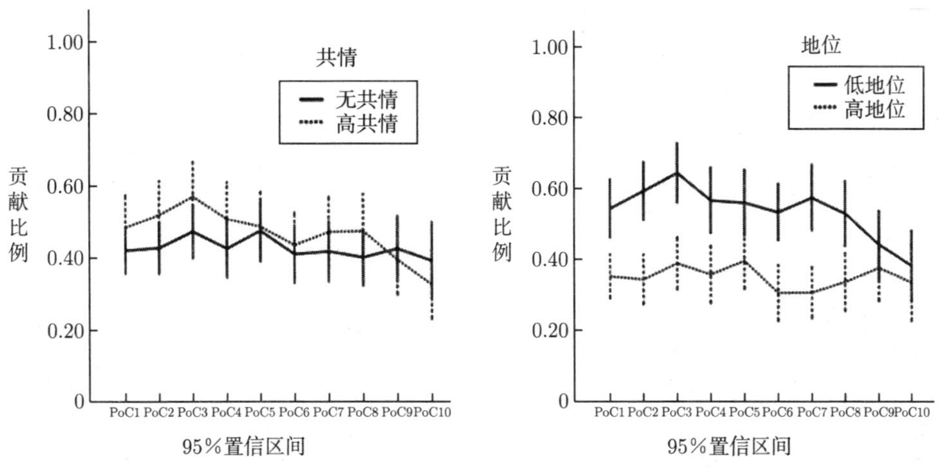

图 6.2　研究 3 中的共情及运气—地位对贡献比例的主效应

6.2.3.3　“广义的一报还一报”策略

本研究采用与研究 1 和研究 2 相同的方法研究“广义的一报还一报”策略的使用。“广义的一报还一报”策略指真实玩家的贡献与其他玩家的贡献之间显著相关，不显著的被归为“其他策略”。表 6.1 中的结果显示了在每种情况下使用“广义的一报还一报”策略的人数和比例。对数线性分析表明，使用“广义的一报还一报”策略的玩家数量对共情的主效应没有显著影响，$Z = -0.019$，$p =$

0.985，95%CI[−0.727，0.714]。

表 6.1　　研究 3 中 4 种条件内运气—地位与努力—地位下平均贡献比例

分组	无共情			高共情		
	M（SD）	n	95% CI	M（SD）	n	95%CI
低地位（努力—地位）	0.565（0.183）	26	[0.494, 0.635]	0.548（0.183）	20	[0.467, 0.628]
高地位（努力—地位）	0.441（0.182）	23	[0.389, 0.516]	0.494（0.180）	25	[0.421, 0.566]
低地位（运气—地位）	0.472（0.205）	24	[0.389, 0.555]	0.597（0.205）	25	[0.516, 0.678]
高地位（运气—地位）	0.382（0.206）	28	[0.306, 0.456]	0.306（0.206）	25	[0.217, 0.394]

6.2.3.4　有关公共物品问题与特质性共情能力的回归分析

分析还探讨了特质性共情能力（观点采择、共情关注、个人悲伤和想象力）是否能预测公共物品问题中的第 1 回合贡献。将四个人际反应指数分量表的得分和总体人际反应平均得分与第 1 回合贡献率、年龄进行回归分析。实验 3a 数据的分析如表 6.2 所示，表明特质性共情能力不能预测贡献比例。

表 6.2　研究 3 中公共物品问题第 1 回合预测贡献变量层次回归分析（N=94）（运气—地位 × 共情）与（N=98）（努力—地位 × 共情）

变量	BS	SEB	β	95%CI
步骤一				
年龄	0.003	0.009	0.035	[−0.014, 0.020]
步骤二				
年龄	0.003	0.009	0.04	[−0.014, 0.021]
观点采择	−0.043	0.039	0.028	[−0.121, 0.036]
个人悲伤	−0.032	0.04	−1.2	[−0.112, 0.048]
想象力	0.003	0.034	0.01	[−0.065, 0.071]
共情关注	−0.024	0.056	−0.049	[−0.136, 0.087]
步骤一				
年龄	−0.001	0.007	−0.009	[−0.014, 0.013]
步骤二				
年龄	0.005	0.007	0.077	[−0.008, 0.018]
观点采择	0.083	0.046	0.205	[−0.008, 0.173]
个人悲伤	−0.045	0.043	−0.114	[−0.130, 0.039]
想象力	−0.015	0.038	−0.041	[−0.090, 0.061]
共情关注	0.113	0.062	0.217	[−0.010, 0.236]

6.2.3.5　欺骗检验

参与者的数据被进一步分析，基于他们对事后说明问题的回答，即他们是否认为自己在与另外三名“真实”玩家玩公共物品游戏。进行一回合（1-10）× 欺骗成功（是 1，否 2）重复测量方差分析（45 个缺失数据）。结果发现每回合之间和欺骗成功之间的交互作用并不显著，$F(6.95，326.59) = 0.915$，$p = 0.494$，$\eta_p^2 = 0.019$；欺骗作用在公共物品游戏中的贡献也不显著，$F(1, 47) = 0.16$，$p = 0.691$，$\eta_p^2 = 0.003$。

6.2.4　讨论（实验 3a）

实验 3a 的重要发现支持了关于地位的假设 1。研究结果显示，社会地位低的人比社会地位高的人表现得更亲社会。除了地位，研究 1 和研究 2 中使用的共情操作和性格共情测量（例如人际反应指数量表），都被用来评估共情和合作之间的一种常见的已被证明的关联。与以往的研究（Batson & Moran, 1999; Rumble, Van Lange & Parks, 2010）相比，实验 3a 的结果与研究 1 和研究 2 一致，都未能显示共情对合作的影响，或特质性共情与合作之间的联系。探索性分析考察了共情水平与使用“广义的一报还一报”策略的可能性之间是否存在关联。共情对这种行为也没有影响。在实验 3a 中，为了模拟由彩票决定财富的情况，地位是由运气决定的。然而，在现实生活中，地位也可以通过努力来获得。因此，实验 3b 的设计有两个目的。首先，研究在不同的地位获取系统下，多大程度上会发现相同的结果模式；其次，进一步研究共情与合作之间关系的可靠性。

实验 3b 实验 3b 的目的是检验当地位由努力（努力—地位）决定时，共情对合作的作用，并重复实验 3a 中结果的基本模式。除了地位的实现方式，实验 3b 的设计、实验程序与实验 3a 的设计程序是完全相同。

6.2.5　实验方法（实验 3b）

6.2.5.1　被试

98 名志愿者（71 名女性和 27 名男性）是通过电子邮件通知和发放传单的方式从伦敦玛丽女王大学招募的。被试的平均年龄为 21.10 岁（年龄在 17 岁至 44 岁；$SD = 4.06$）。实验报酬与实验 3a 相同。

6.2.5.2　实验设计和材料

实验 3b 为 2×2（共情 [高共情，无共情] × 努力—地位 [高地位，低地位]）的被试间实验设计。关键因变量为被试在 10 回合公共物品游戏中的贡献比例。数字消去测试是由 Matlab 软件生成的 23×40 矩阵（http://uk.mathworks.com/products/matlab/）。在这个矩阵中有 106 个数字 3。被试被要求在打印了这个矩阵的 A4 纸上在两分钟内尽可能多地划掉数字 3。在初步试验中得到了 94 的界限。在实验之前，这个数字被设置为 84，因为这是进行实验（$n = 55$，$Mdn = 84.00$，$M = 80.17$，$SD = 1.58$）的中位数。然而，当实验开始时，大多数被试（12 名参与者中有 10 名）的得分都在 84 分以上。考虑到这一点，根据高地位组的均值（$n = 10$，$M_{dn} =$

95.5，$M = 93.60$，$SD = 5.13$），将界限值提高到 94。得分等于或高于 94 分的被分配到高地位条件下，得分低于 94 分的被分配到低地位条件下。所有被试在进行测试前都被告知了分配程序。

6.2.5.3 实验过程

在实验 3b 中，被试被要求进行一个数字消去测试，而不是通过选择一个黑盒中的彩色球来分配他们到高地位组或低地位组。除了被试被分配到高地位组或低地位组由他们在数字消去测试中的表现决定，其他所有的实验过程都与实验 3a 完全相同。

6.2.6 实验结果（实验 3b）

6.2.6.1 共情操纵的有效性检验

本分析的目的是确定实验 3b 在两种不同共情条件中 [无共情（$n = 52$）和高共情（$n = 46$）] 的共情评定是否具有显著性差异。分析结果发现，在高共情条件下的共情评定（$M = 6.20$，$SD = 1.73$）显著高于无共情条件下的共情评定（$M = 3.97$，$SD = 1.67$），$t(96) = -6.483$，$p < 0.0001$，$d = 1.31$，$95\%CI[-2.92, -1.55]$。

6.2.6.2 共情和地位操纵

共情（高共情，无共情）和努力—地位（高地位，低地位）4 种不同水平下玩家在 10 回合游戏中贡献比例的均值和标准差如图 6.3 所示。在第一回合中努力—地位和共情之间存在交互作用，$F(1, 94) = 21.11$，$p < 0.0001$，$\eta_p^2 = 0.183$；共情的主效应不显著，$F(1, 94) = 0.90$，$p = 0.34$，$\eta_p^2 = 0.01$；努力—地位的主效应显著，$F(1, 94) = 15.14$，$p < 0.001$，$\eta_p^2 = 0.139$。采用 10×2×2（游戏回合数 10，被试间变量 × 共情 [高共情，无共情]× 努力—地位 [高地位，低地位]）被试间重复测量方差分析。努力—地位和共情之间交互作用显著，$F(1, 94) = 5.90$，$p = 0.017$，$\eta_p^2 = 0.059$；共情的主效应不显著（如图 6.3 所示），$F(1, 94) = 0.34$，$p = 0.56$，$\eta_p^2 = 0.004$；努力—地位的主效应显著（如图 6.3 所示），$F(1,94) = 21.11$，$p < 0.0001$，$\eta_p^2 = 0.183$；由于交互作用显著，进行事后两两比较分析发现，在高共情条件下，低地位条件下的贡献远远超过高地位，$F(1, 94) = 23.23$，$p < 0.0001$，$\eta_p^2 = 0.198$，$95\%CI[0.171, 0.412]$，但在无共情的条件下，低地位玩家和高地位玩家在社会地位低的条件的贡献值没有显著差异，$F(1, 94) = 2.498$，$p = 0.117$，$\eta_p^2 = 0.026$，$95\%CI[-0.023, 0.203]$。此外，游戏回合数和努力—地位之间的交互作用显著，$F(9, 846) = 2.52$，$p = 0.017$，$\eta_p^2 = 0.026$；游戏回合数的主效应为总体贡献逐回合下降，$F(9, 846) = 4.15$，$p < 0.0001$，$\eta_p^2 = 0.042$。所有其他未报告的相互作用都不显著。

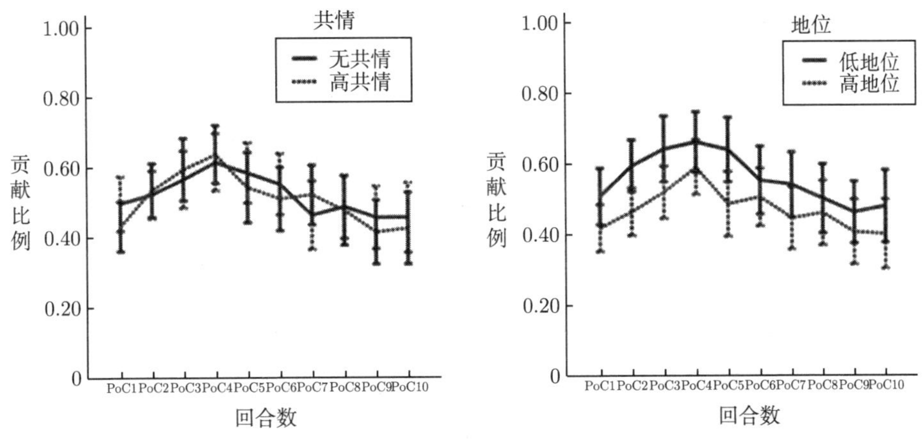

图 6.3　研究 3 中共情与努力—地位对平均贡献比例的主效应

6.2.6.3　“广义的一报还一报”策略

在每种情况下，使用“广义的一报还一报”策略的人数和比例如表 6.3 所示。对数线性分析显示，使用“广义的一报还一报”策略的被试数量没有显著差异，这表明共情并不影响“广义的一报还一报”策略的使用，$Z = 0.035$，$p = 0.972$，$95\%CI[-0.721, 0.745]$。

表 6.3　研究 3 的两个实验中，在所有条件下使用“广义的一报还一报”策略的数量和比例

条件	“广义的一报还一报”策略	比例
低地位（运气—地位）无共情	5/26	19.23%
高地位（运气—地位）无共情	5/23	21.73%
低地位（运气—地位）高共情	4/20	20%
高地位（运气—地位）高共情	8/25	32%
低地位（努力—地位）无共情	5/24	21.73%
高地位（努力—地位）无共情	5/28	17.85%
低地位（努力—地位）高共情	5/25	25%
高地位（努力—地位）高共情	4/21	19.05%

6.2.6.4　有关公共物品问题与特质性共情能力的回归分析

特质性共情能力（观点采择、共情关注、个人悲伤和想象力）被用作预测公共物品问题中的第 1 回合贡献的基础。将四个人际反应指数分量表的得分和总体人际反应指数平均得分与第 1 回合贡献率、年龄进行回归分析。但不能从分量表（观点采择、共情关注、个人悲伤和想象力）预测第 1 回合公共物品游戏中的贡献。

6.2.6.5 欺骗检验

与实验 3a 相同，根据他们对有关互动式欺骗事后情况问题的答案，进一步分析参与者的数据：对选择肯定，即他们相信描述的实验设置（即他们和其他 3 名真实玩家一起完成实验），或否定，他们不相信描述的实验设置（即不相信他们在和公共物品问题中其他 3 名玩家互动），进行了有关回合数（1-10）× 欺骗成功（是 1，否 2）的重复测量方差分析（5 个报告不确定，8 个缺失的数据）。结果发现回合数和欺骗成功之间的交互作用并不显著，$F(6.27, 519.99) = 0.314$，$p = 0.935$，$\eta_p^2 = 0.004$；欺骗对公共物品游戏中的贡献的主效应不显著，$F(1, 83) = 0.28$，$p = 0.598$，$\eta_p^2 = 0.003$。

6.2.7 讨论（实验 3b）

与实验 3a 和假设 1 的结果一致，地位低的组比地位高的组表现出更多的合作。虽然没有预测到，但是实验 3b 显示，对于那些处于低地位的高共情群体，有证据表明他们比那些处于低地位的无共情群体表现出更高的合作水平。这表明共情对合作具有高度鼓励的影响。在所有其他方面，共情对合作没有影响。与实验 3a 报告的无效效应一致，在实验 3b 中没有可靠的证据表明性格共情与合作水平相关，也没有证据表明共情水平与公共物品问题中的策略行为相关，尤其是“广义的一报还一报”策略。

6.3 总结和讨论

总得来说，本项研究的中心关注点是探索共情在地位不同（高与低）、地位获得方式不同（运气与努力）的情况下，能在多大程度上增强合作。研究表明，诱导共情对合作的影响一般较弱，且仅限于地位较低的群体。更具体地说，只有在通过努力获得的地位条件下（实验 3b），共情才能促进那些地位低的群体的合作。此外，探索性分析表明，特质性共情能力不能预测合作行为，共情诱导与公共物品游戏中“广义的一报还一报”策略之间没有联系（Axelrod & Hamilton, 1981）。总而言之，这些结论与利用囚徒困境探索的积极共情—合作关系不一致（Batson, 1991; Batson & Moran, 1999; T. R. Cohen & Insko, 2008; Van Lange, 2008）；与共情利他假设（Batson, 2011）中为他人感到悲伤或愧疚会增强利他动机，最终导致合作行为的增加也不一致。

结果表明，无论在运气条件或努力条件下，地位低的组比地位高的组贡献比例更大。这与表明高地位的个人（无论是高收入还是高社会特权）比低地位的个人更不亲社会的结论是一致的（Galinsky, Maddux, Gilin & White, 2008）。为什么在一个群体中的相对地位会影响人们在公共利益方面的合作水平？在本研究中，地位低的群体表现出亲社会的行为可能是为了提高他们在社会阶层中的等级（Willer, 2009），因此将鼓励亲社会行为作为获得群体认同的一种手段（Kraus, Piff & Keltner, 2009）。此外，低地位群体与更大的慈善和帮助行为之间的关系（Cote, 2011; Cote, House & Willer, 2015; Piff et al., 2010）认为低地位群体拥有更大的同情心，可能对公平的概念更敏感；这也有助于解释为什么共情对合作的影响仅限于地位低的群体。

总而言之，与研究 1 和研究 2 的证据一致，共情对合作似乎没有很强的影响，但在实验 3b 中当地位由努力程度决定时，共情增加了低地位群体的合作。其中一个原因可能是这个群体表现出更大的同情心，对公平更敏感（Kraus et al., 2009），但这并不能解释为什么共情只影响努力程度较低的群体，而不是由运气因素获得低地位的群体。一种可能的解释是基于人们对所经历的控制的差异（Osman, 2014）。当分配资源的机制是通过机会时，很明显，人们对于拥有或多或少的资源并没有控制感或真正的所有权（除非一个人经历了一种控制幻觉）。相反，当资源是通过努力获得时，那么人们可能会对他们获得的资源有更大的所有权和责任，并且他们获得资源的行为在他们的控制之下。一些人认为，与高地位的人相比，对获得资源的有限控制使得低地位的人更依赖于他人），这反过来鼓励了更多的亲社会行为。如果缺乏控制的经历会因为依赖他人表现出的亲社会行为而放大亲社会行为，那么在运气—地位条件下，低地位组预计会比高地位组表现出更多的亲社会行为。研究 3 的结果也证实了这一点。很难确定的是，通过努力或运气获得地位所导致的行为差异是程度问题（即控制水平），还是种类问题（即控制与不控制）。

总体而言，在实验 3a 和实验 3b 中，那些通过努力获得社会地位的人对公共物品的贡献要小于那些偶然获得社会地位的人，这与之前发现的“赌场盈利效应”的研究结果一致（Dannenberg, Riechmann, Sturm & Vogt, 2012; Reinstein & Riener, 2009）。“即使考虑财富效应，与自己拥有的钱财相比，人们也可能会更不顾后果地花掉或投资意外之财”（Clark, 2002）。此外，当通过努力获得筹码时，往往会产生更多的利己行为（Cherry & Shogren, 2008）。通过更仔细地观察，本研究有可能追踪到这种行为的证据。对于低地位组，在努力—地位下的无共情条件下，与努力—地位下的高共情条件（0.597）相比，贡献比例更低（0.472）；运气状态下的高共情条件（0.548）和无共情条件（0.565）也有一样的结论。虽然共情可能不会促进合作，但这些结果表明，它可能会阻止努力—地位下合作的减少，而运气状态下则不会，这是因为“赌场盈利效应”的存在。此外，对于两个高地位的群体，无共情和高共情条件下的贡献比例在努力—地位下（0.382，0.306）比运气—地位下（0.441，0.494）少。这也暗示了“赌场盈利效应”的证据。简而言之，“赌场盈利效应”导致高地位和低地位群体的合作减少；然而，共情帮助地位较低的群体在游戏中保持合作水平。

关于共情在研究 3 以及研究 1 和研究 2 中的局限作用，可能是因为使用真实的财务激励削弱了共情在合作方面可能产生促进的影响。在开发本项目中使用的范例时，注意经济学文献中关于符合特定任务或游戏目标的激励计划的批判性评论是很重要的（Hertwig & Ortmann, 2001）。在本书之前关于这一主题的许多研究中，可以发现共情诱导合作的共同点是，它们的支付系统要么是固定的展示费设置（Xu, Kou & Zhong, 2012），要么是参与实验的课程学分（Batson et al., 1995; Batson & Moran, 1999; Rumble et al., 2010）。相比之下，研究 1、研究 2 和研究 3 中参与者的报酬与他们的选择行为直接相关，在 7.46 英镑至 17.41 英镑之间。尽管共情诱导的利他主义可能会促进合作（Batson & Moran, 1999），但这可能只是研究中出现参与者不是为了钱而玩的情况。当他们这样做时，合作行为的代价是如此之高，以至于共情不足以推翻自我最大化策略（Mak & Rapoport, 2013）。因此，金钱激励可能会减弱共情的效果，因为它们改变了参与者认为的行为的显著激励因素。

研究很清楚地表明，当人们在公共物品问题的前几回合中怀着良好的意图开始游戏，到接近游戏结束时，会出现更大的自私行为，这与之前使用线性迭代公共物品问题的许多研究一致（Fehr & Gachter, 2002）。更重要的是，在社会交往中，人们可能会选择一种典型的、经过考验的简单策略，比如“一报还一报”（Axelrod, 1984; Axelrod & Hamilton, 1981; Nowak & Sigmund, 1993），这限制了对他人复杂意图的推断的需要。总得来说，“一报还一报”是所有三个实验中最受欢迎的策略（平均使用率约 40%）。因为“广义的一报还一报”策略是如此的顽固和普遍，这也可能有助于抑制高共情对合作的影响。研究 3 揭示的观点还指出，有必要研究如何抵消货币激励和简单行为策略的潜在影响。促进合作可能需要诱导共情和信任（De Cremer, Snyder & Dewitte, 2001），以及增加沟通（Bixenstine & Douglas, 1967; Yamagishi, 1994）和使用的策略范围（Axelrod, 1984; Parks, Joireman & Van Lange, 2013）。

6.4 结　论

总而言之，在探究多人游戏中观察到的合作水平时，地位和其实现方式（经由努力得来的、继承的）似乎比共情更重要。将研究 3 的结果与研究 1 和研究 2 的结果结合在一起，让人怀疑当考虑到其他关键因素时，共情能在多大程度上有效促进合作。此外，研究 3 提出了公平的含义是什么；当资源不平等时，共情可以发挥什么作用。公平帮助人们应对不确定的情况，通过给他们“最终会得到好的结果的信心，因为它使人们对失去的可能性减少焦虑”（Lind & Van den Bos, 2002）。共情可能会引发更多对不公平的关注和反应，进而激发行为，以减少不平等（例如不平等厌恶）。迄今为止，实证研究的重点一直是在结果平等的情况下支持这一观点

（Brosnan & de Waal, 2014; Choshen-Hillel & Yaniv, 2011; Dannenberg et al., 2012）。研究 3 采用以前未使用过的不平等的资源条件，没有找到证据支持一般的直觉的共情对合作的影响，尽管最近的研究表明，高初始水平的经济不平等，就已对应较少的有害的福利效应（Nishi, Shirado, Rand, Christakis, 2015）。到目前为止，研究共情—合作关系的方法一直是在线范例，参与者与其他三个虚拟的参与者进行交互。使用这种方法的目的是谨慎地控制影响合作的不同因素，尤其是共情。然而，考虑到在三个研究中，都没能找到一个共情—合作的显著相关，研究 4 重复研究 3 的实验设计，但让参与者与真正的玩家互动，其真正的动机，与研究 1~研究 3 一致。

本章参考文献

Abele, S., Stasser, G., Chartier, C. (2010). Conflict and coordination in the provision of public goods: A conceptual analysis of continuous and step-level games. Personality and Social Psychology Review, 14(4), 385-401. doi: 10.1177/1088868310368535

Axelrod, R. (1984). The evolution of cooperation. New York: Basic Books.

Axelrod, R., Hamilton, W. D. (1981). The evolution of cooperation. Science, 211(4489), 1390-1396. doi: 10.1126/science.7466396

Batson, C. D. (1991). The altruism question: Toward a social psychological answer. New York: Lawrence Erlbaum.

Batson, C. D. (2011). Empathy-induced altruism: Friend or foe of the common good? Retrieved from <Go to ISI>://WOS:000293012100003 (Times Cited: 0)

Batson, C. D., Batson, J. G., Todd, R., Brummett, B., Shaw, L., Aldeguer, C. (1995). Empathy and the collective good: Caring for one of the others in a social dilemma. Journal of Personality and Social Psychology, 68(4), 619-631. doi: 10.1037/0022-3514.68.4.619

Batson, C. D., Moran, T. (1999). Empathy-induced altruism in a prisoner's dilemma. European Journal of Social Psychology, 29(7), 909-924. doi: 10.1002/(SICI)1099-0992(199911)29:7¡909::AID-EJSP965¿3.0.CO;2-L

Bennett, R. (2012). Why urban poor donate a study of low-income charitable giving in London. Nonprofit and Voluntary Sector Quarterly, 41(5), 870-891. doi: 10.1177/0899764011419518

Bixenstine, V. E., Douglas, J. (1967). Effect of psychopathology on group consensus and cooperative choice in a six-person game. Journal of Personality and Social Psychology, 5(1), 32-37. doi: 10.1037/h0021197

Brosnan, S. F., de Waal, F. B. (2014). Evolution of responses to (un)fairness. Science, 346(6207), 1251776. doi: 10.1126/science.1251776

Cherry, T. L., Kroll, S., Shogren, J. F. (2005). The impact of endowment heterogeneity and origin on public good contributions: Evidence from the lab. Journal of Economic

Behavior Organization, 57(3), 357-365. doi: 10.1016/j.jebo.2003.11.010

Cherry, T. L., Shogren, J. F. (2008). Self-interest, sympathy and the origin of endowments. Economics Letters, 101(1), 69-72. doi: 10.1016/j.econlet.2008.04.007

Choshen-Hillel, S., Yaniv, I. (2011). Agency and the construction of social preference: Between inequality aversion and prosocial behavior. Journal of Personality and Social Psychology, 101(6), 1253-1261. doi: 10.1037/a0024557

Clark, J. (2002). House money effects in public good experiments. Experimental Economics, 5(3), 223-231. doi: 10.1023/A:1020832203804

Cohen, J. (1988). Statistical power analysis for the behavioral sciences (2nd ed.). USA: Lawrence Erlbaum Associates.

Cohen, T. R., Insko, C. A. (2008). War and peace: Possible approaches to reducing intergroup conflict. Perspectives on Psychological Science, 3(2), 87-93. doi: 10.1111/j.1745-6916.2008.00066.x

Cote, S. (2011). How social class shapes thoughts and actions in organizations. Research in Organizational Behavior, 31, 43-71. doi: 10.1016/j.riob.2011.09.004

Cote, S., House, J., Willer, R. (2015). High economic inequality leads higher-income individuals to be less generous. Proceedings of the National Academy of Sciences of the United States of America, 112(52), 15838-15843. doi: 10.1073/pnas.1511536112

Dannenberg, A., Riechmann, T., Sturm, B., Vogt, C. (2012). Inequality aversion and the house money effect. Experimental Economics, 15(3), 460-484. doi: 10.1007/s10683-011-9308-2

Davis, M. H. (1983). Measuring individual differences in empathy: Evidence for a multidimensional approach. Journal of Personality and Social Psychology, 44(1), 113-126. doi: 10.1037/0022-3514.44.1.113

De Cremer, D., Snyder, M., Dewitte, S. (2001). "the less i trust, the less i contribute (or not)?" the effects of trust, accountability and self-monitoring in social dilemmas. European Journal of Social Psychology, 31(1), 93-107. doi: 10.1002/ejsp.34

Faul, F., Erdfelder, E., Lang, A.-G., Buchner, A. (2007). G* power 3: A flexible statistical power analysis program for the social, behavioral, and biomedical sciences. Behavior Research Methods, 39(2), 175-191. doi: 10.3758/BF03193146

Fehr, E., Gachter, S. (2002). Altruistic punishment in humans. Nature, 415, 137-140. doi: 10.1038/415137a

Galinsky, A. D., Maddux, W. W., Gilin, D., White, J. B. (2008). Why it pays to get inside the head of your opponent the differential effects of perspective taking and empathy in negotiations. Psychological Science, 19(4), 378-384. doi: 10.1111/j.1467-9280.2008.02096.x

Hertwig, R., Ortmann, A. (2001). Experimental practices in economics: A methodological challenge for psychologists? Behavioral and Brain Sciences, 24(3), 383-403.

Kafashan, S., Sparks, A., Griskevicius, V., Barclay, P. (2014). Prosocial behavior and social status. In The psychology of social status (p. 139-158). New York: Springer Science Business Media. doi: 10.1007/978-1-4939-0867-77

Kelley, H. H., Thibaut, J. W. (1978). Interpersonal relations: A theory of interdependence. New York: Wiley.

Komorita, S. S., Parks, C. D., Hulbert, L. (1992). Reciprocity and the induction of cooperation in social dilemmas. Journal of Personality and Social Psychology, 62(4), 607-617. doi: 10.1037/0022-3514.62.4.607

Kraus, M. W., Piff, P. K., Keltner, D. (2009). Social class, sense of control, and social explanation. Journal of Personality and Social Psychology, 97(6), 992-1004. doi: 10.1037/a0016357

Kraus, M. W., Stephens, N. M. (2012). A road map for an emerging psychology of social class. Social and Personality Psychology Compass, 6(9): 642-656. doi: 10.1111/j.1751-9004.2012.00453.x

Kroll, S., Cherry, T. L., Shogren, J. F. (2007). The impact of endowment heterogeneity and origin on contributions in best-shot public good games. Experimental Economics, 10(4), 411-428. doi: 10.1007/s10683-006-9144-y

Lind, E. A., Van den Bos, K. (2002). When fairness works: Toward a general theory of uncertainty management. Research in Organizational Behavior, 24, 181-224.

Mak, V., Rapoport, A. (2013). The price of anarchy in social dilemmas: Traditional research paradigms and new network applications. Organizational Behavior and Human Decision Processes, 120(2), 142-153. doi: 10.1016/j.obhdp.2012.06.006

Muehlbacher, S., Kirchler, E. (2009). Origin of endowments in public good games: The impact of effort on contributions. Journal of Neuroscience, Psychology and Economics, 2(1), 59-67. doi: 10.i(].17/ fl(MIIM5H

Nishi, A., Shirado, H., Rand, D. G., Christakis, N. A. (2015). Inequality and visibility of wealth in experimental social networks. Nature, 526(7573), 426-429. doi: 10.1038/nature15392

Nowak, M. A., Sigmund, K. (1993). A strategy of win-stay, lose-shift that outperforms tit-for-tat in the prisoner's dilemma game. Nature, 364(6432), 56-58. doi: 10.1038/364056a0

Osman, M. (2014). Future-minded: The psychology of agency and control. London: Palgrave Macmillan.

Parks, C. D., Joireman, J., Van Lange, P. A. M. (2013). Cooperation, trust, and antagonism: How public goods are promoted. Psychological Science in the Public Interest, 14(3), 119-165. doi: 10.1177/1529100612474436

Penner, L. A., Dovidio, J. F., Piliavin, J. A., Schroeder, D. A. (2005). Prosocial behavior: Multilevel perspectives. Annual Review of Psychology, 56, 365-392. doi: 10.1146/annurev.psych.56.091103.070141

Piff, P. K., Kraus, M. W., Cote, S., Cheng, B. H., Keltner, D. (2010). Having less, giving more: The in uence of social class on prosocial behavior. Journal of Personality and Social Psychology, 99(5), 771-784. doi: 10.1037/a0020092

Reinstein, D., Riener, G. (2009). House money effects on charitable giving: An experiment.

Rumble, A. C., Van Lange, P. A. M., Parks, C. D. (2010). The benefits of empathy: When empathy may sustain cooperation in social dilemmas. European Journal of Social Psychology, 40(5), 856-866. doi: 10.1002/ejsp.659

Van Lange, P. A. M. (2008). Does empathy trigger only altruistic motivation? how about selflessness or justice? Emotion, 8(6), 766-774. doi: 10.1037/a0013967

Willer, R. (2009). A status theory of collective action (Vol. 26). Emerald Group Publishing Limited. doi: 10.1108/s0882-6145(2009)0000026009

Xu, H., Kou, Y., Zhong, N. (2012). The effect of empathy on cooperation, forgiveness, and "returning good for evil" in the prisoner's dilemma. Public Personnel Management, 41(5), 105-115. doi: 10.1177/009102601204100510

Yamagishi, T., Yamagishi, M. (1994). Trust and commitment in the United States and Japan. Motivation and Emotion, 18(2), 129-166. doi: 10.1007/bf02249397

第 7 章　实证研究 4：共情对双人公共物品问题中的合作行为的影响

关键词

- 双人公共物品问题（2-players public goods game）
- 互动式欺骗（interactive deception）
- 广义的一报还一报（generalized tit for tat strategy）

本章导读

第 4 章、第 5 章和第 6 章使用相似的实验范式来探讨，当共情以及个人的价值观与地位被操纵时，共情在合作中的作用。这 3 项研究都表明, 共情对促进合作的影响很弱，这个结论与以前使用相似的共情诱导法的研究结论（Batson & Ahmad, 2001）不一致。

对此情况，可使用两种可能的原因来解释。首先，研究 1~研究 3 涉及“互动式欺骗”。目前尚不清楚实验中引入“互动式欺骗”是否会影响共情—合作关系，但这种范式有可能会削弱共情—合作关系，因为被试会怀疑自己是否在与他人互动。其次，在公共物品问题中，群体规模（$n = 4$）可能存在一定问题。正如在整个理论章节中所提及的，在之前的社会困境游戏中，相关学者成功证明了一些共情—合作关系理论，其中值得注意的是，当单一的目标确定且共情可以直接作用于被试时，共情可以转化为更高水平的合作。因此，根据刚才的讨论可知，在研究 1~研究 3 中观察到的共情对合作产生的微弱影响，可能是转移共情目标的结果。对此，研究 4 旨在克服这两个潜在的限制因素。研究 4 使用了涉及双人公共物品问题的实验方法，其中两名玩家都是真实被试。研究 4 的假设如下：假设 1：共情诱导在双人公共物品问题中的作用显著，特别是在高共情条件下，两名玩家都会在资金池放入更多的筹码；假设 2：异质性将提高公共物品问题的总贡献率；假设 3：根据研究 3 的实验结果，在 [10，20] 条件下，地位低的人（玩家 A）会比地位高的人（玩家 B）贡献比例更高；假设 4：共情诱导将减少玩家使用“广义的一报还一报”策略。

研究 4 的实验重点是重复研究 3 中报告的基本效应，但使用的是双人公共物品问题。将 160 名自愿参与的被试随机分配到 4 组，这 4 组分别是：高共情异质禀赋组（玩家 A=10 筹码，玩家 B=20 筹码）；无共情异质禀赋组（玩家 A=10 筹码，玩家 B=20 筹码）；高共情同质禀赋组（玩家 A=20 筹码，玩家 B=20 筹码）；无共情同质禀赋组（玩家 A=20 筹码，玩家 B=20 筹码），同时，被试被随机分配到不同角色（玩家 A 或玩家 B）。总之，虽然尝试给予共情影响合作的最佳机会，但是，研究 4 的结果发现，无论是玩家 A 还是玩家 B，共情诱导技术没有使公共物品问题中的合作显著增加。

7.1 引　言

如前所述，以往的研究报告了在囚徒困境（Rumble, Van Lange & Parks, 2010）和最后通牒游戏（Stephan & Finlay, 1999）中共情对合作水平的积极作用，且这两种范式是调查二元互动的范例。然而，到目前为止，在这个项目的 3 项研究里，当涉及 4 人公共物品问题时，共情诱导对合作行为的影响相对有限，且与共情是在纯粹的设置中诱发的（研究 1），还是在有关价值观线索（研究 2）或地位（研究 3）的附加操作中诱发的无关。为了排除可能导致无效效应的潜在混淆变量，研究者设计了双人公共物品问题（Spraggon & Oxoby, 2009）。只有两名玩家参与公共物品问题，因此研究人员对共情的操纵是明确的，且在确定共情的相关目标方面没有歧义。此外，这两个真正的被试进入单独的隔间之前，会在实验室面对面见面，以强化每个玩家都在和一个真正的玩家玩，或者是他们共情体验的对象是真实的的感觉。研究 4 检验了 4 个假设。

假设 1: 在公共物品问题中共情对贡献的作用将是显著的，因为在高共情条件下的两名玩家对资金池的贡献会大于无共情条件下的玩家。一对一的互动可能有助于人们将彼此人格化，并将彼此视为独特的个体，而不是根据分类标识作为相互分类的基础（Brewer & Miller, 1984）。此外，已有研究发现在囚徒困境和最后通牒等范式中，存在积极的共情—合作关系，且这种范式存在双向互动，而不是多个群体成员的群体内互动。再者，根据本章的文献综述可知，还没有研究是使用双人公共物品问题来探讨地位与共情—合作关系，因此这为理解共情在特定社会情境中的潜在作用提供了新视角。

假设 2: 根据先前的研究（e.g., Fung & Au, 2014）可知异质性导致整体合作增加。因此，在异质性禀赋群体 [10，20] 中，合作率将高于同质禀赋群体 [20，20]。

假设 3: 无论是否存在共情诱导，相比 [10，20] 条件下的玩家 B（高地位群体），[10，20] 条件下的玩家 A（低地位群体）会在资金池投入更高比例的筹码，至少在第 1 回合的公共物品问题中会体现这一推断。研究 3 的两个实验一致揭示，地位低的群体比地位高的群体有更多的合作行为。因此，考虑到研究 3 和研究 4 中实验设置的相似性，预测处于相同的较低地位的个体（即那些初始筹码低于游戏伙伴的个体）在公共物品问题中的贡献会更多。

假设 4: 共情诱导会影响一对玩家对“广义的一报还一报”策略的使用。根据第 2 章中关于人类合作理论的进化论解释，对于反复互动的陌生人而言，他们会直接基于互惠采用“一报还一报”策略（Axelrod & Hamilton, 1981）。研究 4 的最后一个假设是，是否同研究 1、研究 2 和研究 3 所评估的那样，共情诱导更有可能存在减少使用“广义的一报还一报”策略的倾向。

7.2　方　　法

7.2.1　被试

本研究通过电子邮件通知和发放传单的方式从伦敦玛丽女王大学招募了 160 名志愿者，其中有 87 名女性，73 名男性。被试平均年龄为 22.86 岁（年龄在 18 岁至 50 岁之间；SD=4.97）。在实验开始前，让被试阅读签署知情同意书，随后，将 160 名被试随机分成 4 组，即每组 40 人、每种玩家 20 人。实验报酬是根据被试在公共物品问题中获得的筹码进行换算，即 25 个筹码为 1 英镑。根据被试分配到的组，他们得到不同的报酬。在高共情异质组（he1020）和无共情异质组（ne1020）中，玩家 A 的酬劳为 4 英镑到 9.6 英镑，玩家 B 的酬劳为 8 英镑到 9 英镑。在高共情同质组（he2020）和无共情同质组（ne2020）中，被试酬劳为 5 英镑至 13 英镑。伦敦玛丽女王大学道德委员会批准了这项研究（QMREC 1190）。

7.2.2　实验设计和实验材料

研究 4 采用 2（共情：低共情 vs. 高共情）×2（初始筹码：[10, 20] vs. [20, 20]）的组间实验设计。这 4 组分别是 he1020、he2020、ne1020 和 ne2020。核心的因变量是在公共物品问题中被试每个回合及 10 回合的贡献比例（PoC）。使用 G∗power 的先验统计效力推断出本研究所需的样本量（Faul, Erdfelder, Lang & Buchner, 2007）。假设共情的效应量是科恩提出的中等效应 ($f = 0.25$)，并以此定义被试间重复测量方差分析（J. Cohen, 1988），本实验所需的总样本量是 72 对，统计效力为 ($1 - \beta = 0.8$)，实际统计效力等于 0.805。实验隔间里有 1 台装有两台显示器的电脑。在两台电脑显示器之间放置了 1 个可折叠屏风来隔开被试。采用 E-prime 2.0 软件对公共物品问题进行编程并通过计算机进行。在高共情条件下，共情诱导指令与研究 1~研究 3 中使用的相同。在无共情的条件下，没有提供有关换位思考的指导语。在 [10,20] 条件下（he1020 和 ne1020），分配给玩家 A 每回合 10 个筹码，玩家 B 每回合 20 个筹码；而在 [20,20] 条件下（he2020 和 ne2020），分配给玩家 A 和玩家 B 每回合都是 20 个筹码。

在游戏开始前，被试需要完成 1 个书面的数学计算测试，这份测试由 4 个问题组成，每个问题都被用来评估公共物品问题（20，20）、（0，0）、（0，20）、（20，0）中可能发生的一种极端情况，以此评定被试对每回合结果的理解程度。同时实验中为被试提供了计算器。这种任务前数学计算测试常用于评估被试对囚徒困境游戏指令的理解。

实验结束后，被试还需要完成 1 份纸质的任务后问卷，这份文件作为操作检查来评估共情诱导操作的有效性，就像研究 1~研究 3 一样。此外，和研究 1~研究 3 相同，研究 4 的任务后问题也包括被试对另一名玩家的印象，这通过 9 点量表来记录，量表范围从 1（完全没有）到 9（非常多）。问卷填写基于被试对同伴的同情或怜悯程度。

7.2.3 实验程序

两名被试在 1 个隔音的小隔间内一起接受测试。他们面对电脑显示器坐着，用 1 个折叠屏风隔开，如图 7.1 所示。在阅读了信息表并在知情同意书上签字后，实验者要求其中 1 名玩家在不看的情况下从 1 个黑盒子里拿出 1 个球。如果被试拿到红色球，则为玩家 A；拿到蓝色球为玩家 B，然后两名玩家进入实验隔间。在每台电脑显示器前都有相应角色的标签（即玩家 A，玩家 B）。

图 7.1 研究 4 中实验室布局设置

被试坐到他们对应角色的座位后，用铅笔回答书面形式的任务前问题。对于高共情条件组，问题是“描述去年让你悲伤的事情”。在无共情条件组，任务前的问题是“描述一项你喜欢的运动”。在这个环节中，玩家 A 和玩家 B 不能相互交流。

2 分钟后，被试将任务前问题答案交给主试。当主试把答案纸放到信封后，两个玩家可以互相交流。然后，被试需要做 1 个耗时 5 分钟的任务前数学计算测试。5

分钟后，主试回到这个房间，给被试正确的数学测试答案，并给被试 1 分钟的时间来检查自己的答案。

接下来，根据被试的角色和组别，主试给出相应的指令、筹码数和公共物品问题资金分配。在主试讲解相关指令后，先展开 1 回合公共物品问题的练习。

在高共情条件下，公共物品问题采用共情诱导程序。主试指示："请打开信封，读一读关于你搭档的便条。当你阅读时，试着想象一下人们对他/她刚刚描述内容的感受，以及这件事对他/她的影响。"在无共情条件下，主试会指示："请打开信封，读一读关于你搭档的便条。"之后，主试给被试一个信封，里面装着其他被试的回复说明和 1 份评分表。然而，在被试不知情的情况下，主试偷偷地把装有被试书面回复的信封换成了事先准备好的信封。这样做是为了确保所有的被试都得到相同的材料，这样就可以谨慎地控制共情的效果。每种情况的事先准备说明材料如下。在高共情条件下（he1020，he2020），该材料涉及与长期伴侣分手的细节。

分手故事："嗯，我不知道其他人是否会对这件事感兴趣，但我唯一能想到的是两周前我和男朋友分手了。从 *12* 年级开始我们就在一起了，大学也一直保持着情侣关系。当我们一起在伦敦玛丽女王大学的时候，一起出去玩真是太棒了。我以为他也是这样觉得的，但事情已经变了。现在他想和别人约会，这让我很沮丧。这件事一直在我的脑海里浮现，同时我感觉有点难以应对。"

在无共情的情况下（ne1020，ne2020），这材料涉及一个中性的有关游泳的故事。

游泳故事："嗯，我喜欢游泳。我每周去游几次。我总是去当地的游泳池，从我家步行到这里大约 10 分钟。我每次去游泳都要游 1000 米左右。完成游泳训练大约需要半个小时，接下来的半个小时我会待在桑拿浴室或蒸汽浴室，然后再洗个澡。我通常在下班回家吃晚饭前做这件事。"

被试阅读完事先准备好的故事后，会在开始公共物品问题之前在评级单上对故事评级。在每一回合的公共物品问题中，首先主试说明了被试的回合数以及每回合初始筹码。然后，被试决定放入多少筹码到资金池。玩家 A（0~10 个筹码表示 he1020 和 ne1020，0~20 个筹码表示 he2020 和 ne2020）先决定，然后是玩家 B（在所有情况下为 0~20 个筹码），此方法在整个游戏期间一直被使用。直到下一回合的反馈出现，两名玩家才知道对方的决定。每位被试做出决策后，会等待 4 秒到 12 秒，这由程序随机确定。然后他们得到本回合游戏的反馈，"玩家 A：本回合游戏你的贡献；本回合结束后你的筹码数；你总共积累的筹码数。玩家 B：本回合游戏你的贡献；本回合结束后你的筹码数；你总共积累的筹码数。"接下来程序开始下一回合，这个过程不断重复，直到 10 回合游戏全部完成。被试必须使用提供的铅笔和表格记录每回合出现的所有数值。这样做的原因是确保被试在每一回合游戏中都能注意到屏幕上提供的所有反馈信息。

在完成公共物品问题后，被试需要在反馈环节回答一些任务后问题，这些问题包括被试使用的策略，以及被试对最优决策的理解。最后，告知被试这项研究内容及其目的的具体情况，具体流程如图 7.2 所示。

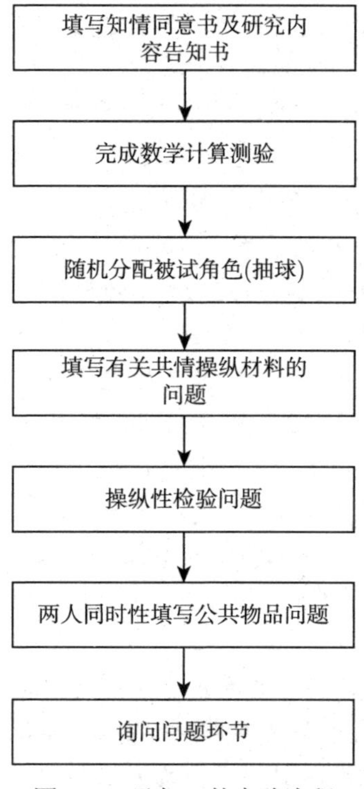

图 7.2　研究 4 的实验流程

7.3　结　　果

首先进行共情操纵的有效性检查，其次探讨共情对公共物品问题中合作行为的影响，最后分析两位玩家在每种情况下采取“广义的一报还一报”策略的比例。

7.3.1　共情操纵的有效性检验

在无共情（$n = 80$，$M = 4.75$，$SD = 2.53$）和高共情（$n = 80$，$M = 7.40$，$SD = 1.57$）两种情况下，对被试对搭档的共情程度进行独立样本 t 检验。高共情条件下（分手故事）被试的共情程度显著高于无共情条件（游泳故事），$t(158) = 7.94$，$p < 0.0001$，$d = -1.25$，$95\%CI[-3.31，-1.99]$。这证实了共情诱导方法在促进对目标的共情关注方面是有效的。

7.3.2　共情和条件操纵

表 7.1 显示了两名玩家在 4 种条件下，每种情况贡献比例（所有 10 个回合）的平均数和标准差。

表 7.1　　**研究 4 中 4 种实验条件下贡献比例的平均数**

实验条件	无共情			高共情		
	n	M（SD）	$95\%CI$	n	M（SD）	$95\%CI$
[10, 20] 玩家 A	20	0.539（0.290）	[0.410, 0.668]	20	0.704（0.290）	[0.574, 0.833]
[20, 20] 玩家 A	20	0.513（0.290）	[0.384, 0.643]	20	0.567（0.290）	[0.437, 0.696]
[10, 20] 玩家 B	20	0.585（0.304）	[0.450, 0.721]	20	0.622（0.304）	[0.486, 0.758]
[20, 20] 玩家 B	20	0.523（0.304）	[0.387, 0.758]	20	0.555（0.304）	[0.419, 0.691]

对玩家 A 第 1 回合的贡献比例进行多元分析，没有发现交互作用或主效应显著。此外，此分析为 $10 \times 2 \times 2$（回合 [1:10]，被试内变量 $\times$ 共情 [高共情，无共情] $\times$ 条件 [（10，20），（20，20）]）的被试间重复测量方差分析。同样，这些交互作用或主效应不显著。对玩家 B 的数据也进行了相同的统计。与玩家 A 的相关结论类似，没有发现交互作用或主效应显著。所有数据均采用 *Greenhouse-Geisser* 方法校正。

如图 7.3 所示，4 种情况下第 1 回合的贡献比例未发现有统计学上的显著差异。采用单因素分析法比较 [10，20] 条件下玩家 A 和玩家 B 的第 1 回合贡献比例，结果发现：共情的主效应不显著，$F(1，76) = 0.015$，$p = 0.903$，$\eta_p^2 < 0.0001$。玩家类型的主效应也不显著，$F(1，76) = 1.282$，$p = 0.261$，$\eta_p^2 = 0.017$，且没有显著交互作用，$F(1，76) = 1.282$，$p = 0.261$，$\eta_p^2 = 0.017$。因此，无论共情诱导操作如何，两名玩家在第 1 回合公共物品问题中所做的贡献没有显著差异。

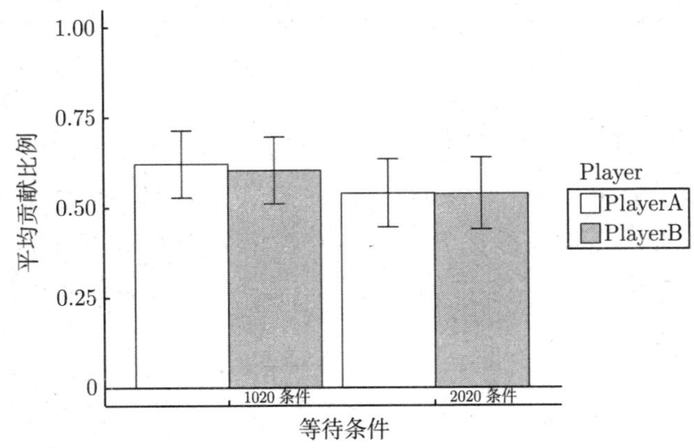

图 7.3　研究 4 中不同实验条件下的平均贡献比例

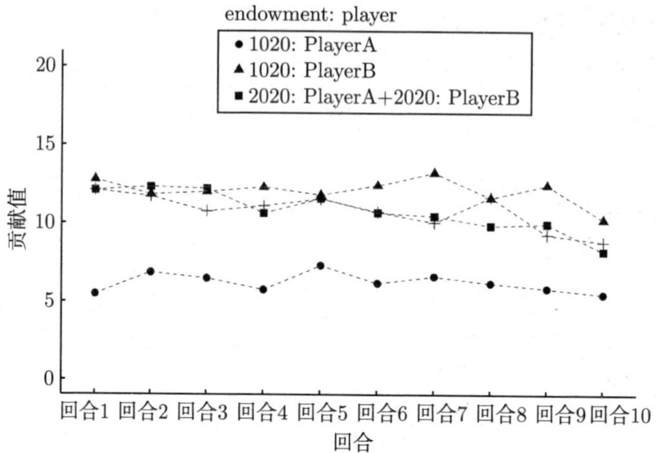

图 7.4　研究 4 中不同实验条件下的贡献值

表 7.2　研究 4 中玩家 A 在前 1 回合的平均贡献和玩家 B 在下一回合平均贡献的相关系数

玩家 A 与下一回合玩家 B 的相关程度			玩家 B 与下一回合玩家 A 的相关程度		
回合数	r	p	回合数	r	p
Ac1-Bc2	0.081	0.109	Bc1-Ac2	0.096	0.397
Ac2-Bc3	0.356**	0.001	Bc2-Ac3	0.427**	< 0.001
Ac3-Bc4	0.481**	< 0.001	Bc3-Ac4	0.548**	< 0.001
Ac4-Bc5	0.584**	< 0.001	Bc4-Ac5	0.467**	< 0.001
Ac5-Bc6	0.500**	< 0.001	Bc5-Ac6	0.555**	< 0.001
Ac6-Bc7	0.512**	< 0.001	Bc6-Ac7	0.656**	< 0.001
Ac7-Bc8	0.632**	< 0.001	Bc7-Ac8	0.596**	< 0.001
Ac8-Bc9	0.414**	< 0.001	Bc8-Ac9	0.582**	< 0.001
Ac9-Bc10	0.467**	< 0.001	Bc9-Ac10	0.430**	< 0.001

** $P < 0.01$。

7.3.3　“广义的一报还一报”策略

从表 7.2 可以看出，从第 3 回合开始，玩家 A 的贡献与玩家 B 的贡献呈正相关，同样，玩家 B 的贡献与玩家 A 在接下来的几回合中的贡献也是正相关的。这一数据表明，从总体上看，在公共物品问题进入第 3 回合后，双方都采用了“广义的一报还一报”策略。

在每一种情况下，采用“广义的一报还一报”策略的具体情况如表 7.3 所示。采用卡方检验，4 个条件下的玩家 A（$\chi^2(6) = 8.00$，$p = 0.238$）或玩家 B（$\chi^2(9) = 12.00$，$p = 0.213$）没有统计学上的显著差异，表明共情诱导没有减少玩家使用“广义的一报还一报”策略的可能性。

表 7.3　研究 4 中玩家 A 与 B 在所有情况下使用“广义的一报还一报”策略的数量和比例

实验条件	玩家 A	玩家 B
	[玩家 A（2-10 回合）& 玩家 B（1-9 回合）]	[玩家 B（2-10 回合）& 玩家 A（1-9 回合）]
He1020	5/20（25%）	3/20（15%）
He2020	3/20（15%）	1/20（5%）
Ne1020	1/20（5%）	2/20（10%）
Ne2020	5/20（25%）	6/20（30%）

7.4　讨　　论

研究 4 的结果表明，当两个玩家都是公共物品问题的真实被试时，整个过程中使用的共情诱导方法并没有促进合作。因此，研究 4 不支持假设 1。在合作行为的共情诱导方面，研究结果与以往的研究结果不一致，但总体上与研究 1、研究 2、研究 3 的结果一致。根据共情—利他假说可知，共情会引发对另一个人的利他主义，高共情条件下的合作会多于无共情条件下的合作。更重要的是，本研究特别设计了双人公共物品问题的实验设置，来促进这种效果。虽然包括研究 4 中介绍的操纵行为在内的理论基础，与共情促进合作的普遍说法相符，但该研究仍未能发现这种联系。造成这些结果好坏参半的主要原因之一可能是，实验中使用了实际金钱奖励，这可能削弱了共情的效果。尽管社会心理学家进行的大多数社会困境实验并不倾向于使用实际金钱奖励，但在这里使用它们似乎是有效的，因为金钱奖励似乎是最常见和最直接的激励行为发生的方法，尤其是在工作场所。

与之前的研究一致，研究 4 的结果确实支持假设 2，因为异质性的确使总体贡献增加了。这证实了以前的一些研究的证据（Buckley & Croson, 2006; Chan & Mestelman, 1999; Cherry, Kroll & Shogren, 2005; Fung & Au, 2014; Kroll, Cherry & Shogren, 2007; Secilmis & Guran, 2012）。例如，切瑞等（Cherry et al., 2005）提出当群体在公共物品问题上具有异质禀赋特性时，其贡献水平显著低于具有同质禀赋特性的群体。此外，卡拉伊万诺夫（Karaivanov, 2009）也认为异质性禀赋对公共物品的总供给产生了消极影响，因为它导致了同质性被试的不贡献。

研究 4 中的假设 3 预测低地位群体会比高地位群体表现得更合作。因此在只有 [10,20] 条件下才存在地位操纵的前提下，[10，20] 组的玩家 A 应该比玩家 B 贡献更多的筹码。假设 3（也没有重复研究 3 的结果）预测在 [10,20] 条件下，玩家 A 会比玩家 B 表现得更合作，但两名玩家相似的行为并不支持假设 3。巴克利等（Buckley and Croson, 2006）认为较不富裕的被试（较少的禀赋被试，这里指玩家 A）会比较富裕的被试（较多的禀赋被试，这里指玩家 B）捐赠更多的收入百分比。然而，这与古兰等（Secilmis & Guran, 2012）的结果不同，他们发现，无论收入水平如何，被试对动态公益的收入（禀赋）比例大致相同。显然，以往研究结果的不一致性是有争议的。基于群体参与框架（Weber, Kopelman & Messick, 2004）和不平等厌恶模型（Fehr & Schmidt, 2000），收入较高（高地位）的个人将其收入用于公益事业的比例高于收入较低（低地位）的个人。贵族义务原则也同样适用于此。这个原则通常是用来暗示贵族不仅仅是享受权利，也需要履行社会责任。这个想法的提出是为了保证那些社会上层（较高的地位）的人对低社会阶级（较低的地位）的人仁慈。相比之下，越来越多的实证研究（Piff, Kraus, Cote, Cheng & Keltner, 2010）表明，社会地位较低的个体倾向于依赖他人来得到他们想要的生活，他们更有可能以亲社会的方式行事，即对公共物品做出更多的贡献。在研究 4 中，高社会地位群体和低社会地位群体的捐赠比例相同，而在研究 3 中（实验 3a 和实验 3b），低社会地位组的捐赠比例高于高社会地位组。这种差异引出一个问题，就是作为集体行动的合作行为中地位的作用。

最后，关于“广义的一报还一报”策略，根据科恩等（T. R. Cohen & Insko, 2008）的研究可知，“广义的一报还一报”策略使被试认识到缺陷的长期成本，因此他们更有可能坚持相互合作。根据进化论生物学家的观点可知，当个体与同一个体不断互动时，互惠是一种规范（参见章节 2.1“人类合作的相关理论”）。此外，正如阿克斯罗德（Axelrod, 1984）研究证明的，“广义的一报还一报”策略是互惠战略。总体数据分析表明，从第 3 回合开始，玩家 A 和玩家 B 都采用了这种策略，如表 7.2 所示。然而，共情诱导是否能够可靠地调节两名玩家的普遍一报还一报行为，需要进一步的关注。事实上，如表 7.1 所示，无论是对玩家 A 还是玩家 B，共情诱导并没有调节使用这种策略的可能性，这与假设不符。

7.5 结　　论

总之，研究 4 的结果并未表明共情诱导法，特别是在几个被关键引用的研究中，能提高被试在相互影响情况下的合作。此外，与研究 3 得出的结论不同，地位并不是一个显著变量。在公共物品问题中，关于两名玩家决策过程的问题，以及两人决策在多大程度上与传统的 4 人公共物品问题是不同的值得进一步探讨。最后，在这个实验中似乎可以用来解释共情—合作关系的关键问题之一是，金钱奖励制度的存在。当必须在社会困境游戏中做出合作还是对峙的决定时，金钱激励促进合作的效果可能比共情更显著。

本章参考文献

Axelrod, R. (1984). The evolution of cooperation. New York: Basic Books.

Axelrod, R., Hamilton, W. D. (1981). The evolution of cooperation. Science, 211(4489), 1390-1396. doi: 10.1126/science.7466396

Batson, C. D., Ahmad, N. (2001). Empathy-induced altruism in a prisoner's dilemma ii: What if the target of empathy has defected? European Journal of Social Psychology, 31(1), 25-36. doi: 10.1002/ejsp.26

Brewer, M. B., Miller, N. (1984). Groups in contact: The psychology of desegregation. London: Academic Press.

Buckley, E., Croson, R. (2006). Income and wealth heterogeneity in the voluntary provision of linear public goods. Journal of Public Economics, 90(4), 935-955. doi: 10.1016/j.jpubeco.2005.06.002

Chan, K. S., Mestelman, S. (1999). Hetergeneity and the voluntary provision of public goods. Experimental Economics, 2(1), 5-30. doi: 10.1023/A:1009984414401

Cherry, T. L., Kroll, S., Shogren, J. F. (2005). The impact of endowment heterogeneity and origin on public good contributions: Evidence from the lab. Journal of Economic Behavior Organization, 57(3), 357-365. doi: 10.1016/j.jebo.2003.11.010

Cohen, J. (1988). Statistical power analysis for the behavioral sciences (2nd ed.). USA: Lawrence Erlbaum Associates.

Cohen, T. R., Insko, C. A. (2008). War and peace: Possible approaches to reducing intergroup conflict. Perspectives on Psychological Science, 3(2), 87-93. doi: 10.1111/j.1745-6916.2008.00066.x

Faul, F., Erdfelder, E., Lang, A.-G., Buchner, A. (2007). G* power 3: A flexible statistical power analysis program for the social, behavioral, and biomedical sciences. Behavior Research Methods, 39(2), 175-191. doi: 10.3758/BF03193146

Fehr, E., Schmidt, K. M. (2000). Theories of fairness and reciprocity-evidence and economic applications.

Fung, J. M. Y., Au, W.-t. (2014). Effect of inequality on cooperation: Heterogeneity and hegemony in public goods dilemma. Organizational Behavior and Human Decision Processes, 123(1), 9-22. doi: 10.1016/j.obhdp.2013.10.010

Karaivanov, A. (2009). Heterogeneity, returns to scale, and collective action. Canadian Journal of Economics-Revue Canadienne D Economique, 42(2), 771-807. doi: 10.1111/j.1540-5982.2009.01527.x

Kroll, S., Cherry, T. L., Shogren, J. F. (2007). The impact of endowment heterogeneity and origin on contributions in best-shot public good games. Experimental Economics, 10(4), 411-428. doi: 10.1007/s10683-006-9144-y

Piff, P. K., Kraus, M. W., Cote, S., Cheng, B. H., Keltner, D. (2010). Having less, giving more: The in uence of social class on prosocial behavior. Journal of Personality and Social Psychology, 99(5), 771-784. doi: 10.1037/a0020092

Rumble, A. C., Van Lange, P. A. M., Parks, C. D. (2010). The benefits of empathy: When empathy may sustain cooperation in social dilemmas. European Journal of

Social Psychology, 40(5), 856-866. Retrieved from http://dx.doi.org/10.1002/ejsp.659 doi: 10.1002/ejsp.659

Secilmis, I. E., Guran, M. C. (2012). Income heterogeneity in the voluntary provision of dynamic public goods. Pacific Economic Review, 17(5), 693-707. doi: 10.1111/1468-0106.12006

Spraggon, J., Oxoby, R. J. (2009). An experimental investigation of endowment source heterogeneity in two-person public good games. Economics Letters, 104(2), 102-105. doi: 10.1016/j.econlet.2009.04.012

Stephan, W. G., Finlay, K. (1999). The role of empathy in improving intergroup relations. Journal of Social Issues, 55(4), 729-743. doi: 10.1111/0022-4537.00144

Weber, J. M., Kopelman, S., Messick, D. M. (2004). A conceptual review of decision making in social dilemmas: Applying a logic of appropriateness. Personality and Social Psychology Review, 8(3), 281-307. doi: 10.1207/s15327957pspr08034

第 8 章　共情与合作关系研究总述

关键词

- 情境性共情（situational empathy）
- 特质性共情（dispositional empathy）
- 互动式欺骗（interactive deception）
- 金钱激励（financial incentive）
- 样本大小（sample size）
- 统计效力（statistical power）
- 效应值（effect size）

本章导读

本章通过对前几章中的概念综述、理论梳理、元分析报告以及四项实证研究的数据结果进行总体的阐述和分析，关注于研究结果方面的总结，重点是情境性共情与特质性共情两个方面，探讨共情与合作行为的关系，以及操纵情境性共情是否会促进合作行为。与此同时，本章结合第 2 章的理论内容，分析和解释这些实证性研究的结果和存在的可能用作解释的原因。再者，本章通过研究方法的着手，探讨互动式欺骗、金钱激励以及样本大小、效应值和统计效力在研究公共物品问题中的作用。

8.1　研究结果总结

本书所关注的研究问题是：当个体利益与集体利益发生冲突时，共情对人类合作行为有什么作用？如第 2.1 节“人类合作的相关理论”所述，与进化生物学家、经济学家不同，社会心理学家对调节人类合作行为的情境因素和个体差异更感兴趣（Van Lange, Balliet, Parks & Van Vugt, 2013）。本书从独特的角度探讨了促进合作的几种情境因素和特质因素，重点关注情境性共情和特质性共情如何调节人的合作。本讨论的目标主要关注于社会心理学领域中共情合作关系研究的应用。

8.1.1　情境性共情

根据本书中对共情的定义，共情关注是感知他人痛苦时产生的一种由他人导向的反应，从而产生一种动机为给予人支持或减轻他人痛苦的亲社会行为。研究试图通过操纵情境因素（他人的痛苦）观察情境性共情反应，从而实现行为改变（公共物品问题中合作行为的增加)，但在所有 4 项实证研究中该共情操纵导致合作行为的改变未能产生任何强有力的实证支持。无论被试是否被赋予相等的禀赋（研究 1 和研究 2)，还是被赋予不相等的禀赋（研究 3 和研究 4)，甚至当共情的目标很容易被识别时（研究 4)，情境性共情的操纵未能使公共物品问题中的合作行为显著增多。这些结果与社会心理学文献中被最广泛接受的实证研究结果（e.g., Batson & Moran, 1999; Rumble, Van Lange & Parks, 2010）和现有的理论（共情—利他假说或消极状态消除模型）形成鲜明对比。

然而，研究 2 揭示了一种高度局限性的情况：共情对合作行为产生了影响。个人的价值观被视为另一种促进群体社会行为中合作的社会动机。研究 2 发现与经济价值观条件相比，在社会价值观条件下如果诱发了共情（共情在这种情况下是指观点采择指导语)，那些相信自己在合作博弈中与真实玩家互动的人会更加合作。

另一个非常特定的情况是当努力程度决定地位时，只有对于那些低地位的人情境性共情才可以有效地调节其合作行为（研究 3)。这一发现意味着地位及其来源对群体内合作的共情—合作关系起作用。然而，就双人公共物品问题（研究 4）中的双人合作而言，并未发现地位的操纵足以引发合作行为的改变。需要注意的一点是，研究 4 中的地位是由运气决定的，而在研究 3 中，在低地位组中发现共情—合作关系时，地位是由努力决定的。这表明尽管情境性共情的技术可以增强人们对不平等的资源分配的敏感性，共情对合作行为的任何引导效果都具有高度特异性，但这种特异性是基于不平等资源分配的基本原则。这些结论再次挑战了社会心理学领域中那些大量关于认为稳健的和可靠的共情—合作关系的工作（Batson et al., 1995)。

为什么情境性共情不能导致当前这些研究（研究 1、研究 2、研究 3 和研究 4）中合作行为显著增加呢？这种共情—合作关系的零效应有一些可能的原因。

原因 1：先前的研究（e.g., Batson & Ahmad, 2001; Rumble et al., 2010）都采用了双人社会困境中的囚徒困境范式，发现情境性共情对合作有积极影响。然而，在本书的一系列研究中，研究 1、研究 2 和研究 3 使用了 4 人公共物品问题。因此，我推断情境性共情的零效应可能是由于诱发的共情被稀释了，在较大的群体中会出现这种情况（$n > 2$)。研究 4 旨在解释这一点，但数据未能支持情境性共情仅在双人合作中起作用的说法。4 人公共物品问题和 2 人公共物品问题被分别用来探索社会群体内部的合作问题和双人合作问题。在某种程度上，双人合作是群体内互动的一个特例，专门考察一对一的互动。群体内互动（$n = 4$）和双人互动之间存在什么关键的区别，导致人们对其他人的痛苦事件做出不同的反应呢？团体规模的变化使合作增多还是减少，这是合作研究领域的一个持续争论。奥尔森（Olson, 1965）阐明，随着群体规模的增加，对群体的贡献通常会减少，因为人们认为在较大的群体中不合作的行为很难被发现，因此自利的人不太愿意做出贡献（Ledyard, 1994）。这些研究表明群体越大，合作就越少。但是，它们并没有解释为什么群体规模会影响共情—合作关系。是怎样的情境线索让人们在群体内互动和双人互动这两种特定互动下有不同的行为表现？一项研究提出的解释是基于"同情心的崩溃"：随着需要帮助的人的数量增加，人们的同情心（本研究中为共情的反应）却往往会减少，这是由于较大群体的各种潜在需求可能非常巨大，导致人们调节情绪以防止经历过于强烈的情绪体验。当人们面对群体时比面对个人时更容易引发情绪调节；因此人们对群体的同情心（共情）不如对个人的同情心强烈（Cameron & Payne, 2011）。这表明群体内互动比双人互动更容易引发情绪调节，并且可能可以解释本书中研究 1、研究 2 和研究 3 发现的零效应。然而，研究 4 并没有发现在双人互动中共情与合作之间有积极的联系，因此必然会有其他原因导致共情—合作的零效应。

原因 2：第二个也可能是最重要的原因是实验所涉及的金钱激励。公共物品问题中的关键决策是贡献的金额大小，这种决策任务是混合动机的。金钱激励加强了其中一种动机 —— 利己主义，导致人们对公共物品没有贡献。公共物品问题的设计是为了由共情诱发利他主义，然而报酬的本质 —— 金钱，难道是利他主义的吗？与先前的研究（e.g., Batson & Moran, 1999）相比，该研究中强化后的利己主义超越了利他主义，结果阻碍了合作行为的进一步增加。然而，金钱激励引发的利己主义和共情诱发的利他主义的共存并不一定导致行为改变。有关引入金钱激励的进一步讨论将在"金钱激励"的引入中提出。

原因 3：还有一个潜在的原因是被试的性别。之前一系列发现诱发的共情和合作行为之间存在正相关关系的研究（Batson & Ahmad, 2001），只有女性被试参与。相比之下在本书的一系列实验中，男性和女性均被招募。性别问题是否导致共情合作关系的零效应将是一个有趣的话题，可以更深入地追求和调查。

总之，本书连续探讨了四种研究中的共情—合作关系，其中共情是通过指导语人为诱发的，然而人为情境性共情并不能对社会困境博弈中的合作行为产生可靠的影响。除了共情之外，导致合作行为发生变化的其他情境因素是因认知任务表现不佳而获得较低的地位，以及被试认为他们正与亲社会的他人互动的信念。

8.1.2　特质性共情（及其缺乏）

有一些研究表明，人格特质与亲社会行为之间存在联系（Eisenberg, 2002; Peterson & Seligman, 2004），并且特质性共情能够显著预测个人在社会困境博弈中的行为（T. R. Cohen, Wildschut, Insko, 2010）。除此之外，有证据表明人际反应指数量表的共情子量表在很多情况下和助人行为相关（Davis, 1994），进一步的证据表明具有自恋人格、精神病态或患有自闭症谱系障碍（autistic spectrum disorder, ASD）的个体都缺乏共情，进而合作较少（Colombi et al., 2009; Krueger & Tackett,

2006）。例如，萨尔等（Sally & Hill, 2006）发现自闭症患者更可能在最后通牒博弈中倾向于接受较低的初始报价，拒绝公平的提议，并且更不愿意在囚徒困境的版本之间转换。此外，有研究表明，特定精神病态人格测验分数 —— 马基雅维利式自我中心（Machiavellian egocentricity）与单次囚徒困境博弈中的合作呈负相关（Curry, Chesters & Viding, 2011）。这一证据清楚地表明那些共情缺陷人格障碍患者在经济博弈中的合作程度较低。

尽管有上述的研究结果，在该项目的研究 1、研究 2 和研究 3 中，在公共物品问题中的合作行为内，其中包括第 1 回合或 10 回合的平均贡献值或贡献比例和共情能力（或共情能力缺乏，比如自恋）的个体差异之间没有正相关关系。这些研究结果引发了一个问题，即研究人员是否可以以通过问卷测量得到的人格特质来预测个人的行为，比如社会困境博弈中的合作。在有大约 400 名被试的前三个研究中，没有足够的证据支持人格—合作关系，特别是特质性共情与合作之间。可能的情况是，这种通过考察特质性共情的特定方法得到的数据并不能有效地在公共物品问题中进行测量的合作行为占有相当的权重；然而，目前尚不清楚为什么在其他社会困境博弈中发现共情合作关系。公共物品问题涉及做出关于连续的决策（即筹码数量），而在其他社会困境博弈中所需的决策是二分的（即合作或背叛）。

研究 1 中探讨的另一个个体差异是自恋；但是自恋倾向人格同样未能预测公共物品问题中的合作行为。除了特质性共情和自恋之外，最被广泛研究的个体差异是社会价值取向，多数研究（Balliet, Parks & Joireman, 2009; Bogaert, Boone & Declerck, 2008）表明，它是衡量个体社会偏好（社会价值取向）以预测合作行为的可靠工具。社会价值取向度量与自我报告问卷（情境的陈述/描述）不同，因为它涉及由 6 个主要项目和 9 个可选的次要项目组成的分解博弈，这些项目与实际社会困境博弈的特征相同。例如，一组衡量社会价值取向的项目是“你收到—其他人得到：100-50；94-56；88-63；81-69；75-75；69-81；63-81；63-88；56-94；50-100 个筹码”，被试需要从 9 个项目中选择 1 个（Murphy & Ackermann, 2014）。因为在情境设置中高度相似，而社会价值取向与共情和自恋相比，它可以成功区分个体差异，所以社会价值取向已经成为一种更可靠的工具，用于预测其他类型的社会困境中人们的行为。这使人对现有的自我报告问卷能否有效地反映实际的个体差异产生怀疑。

当然，复杂的社会行为几乎总是受到多种组成部分和机制的影响。社会行为是个人特征与情境特征相互作用的产物。之所以社会认知过程很重要，是因为动机不能被直接观察。我们基于行为背后的动机进行推论（Carlston & Graziano, 2010），而任何单一行为的动机通常都是模棱两可的（Schroeder & Graziano, 2015）。在亲社会人格中，社会认知成分和情绪成分不太可能被相同的线索激活，或在相同时间被激活。以此类推，这可能是我们为什么不容易有效地辨认出这些成分是如何组合进而导致行为的差异（Schroeder & Graziano, 2015）。因此，为了进一步研究人格—行为的关系，需要考虑多个组成部分，比如个体更详细的信息，他们自己的动机、他们的价值观、他们自己的亲社会倾向以及各种亲社会行为，这样才能详细地评估描述个体，而不仅仅使用单一的社会困境问题。

8.2 理论方面的思索

如章节 2.1 所述，有各种各样的理论和模型讨论了人们合作行动的动机，主要解决了这个问题：人们为什么合作？在这里将讨论该项目对现有模型和理论的影响，以探索合作行为背后的基础理论。

社会心理学领域的理论倾向于从经济动机（资源交换）或社会动机（群体认同）的角度来解释人类合作的动机。从经济动机来看，无论是传统理性决策模型（Elster, 1986），还是更加偏心理学视角的模型，资源交换都是人们合作行为的主要动力，如相互依赖理论（H. H. Kelley & Thibaut, 1978）和“社会文化评估、价值观和情感框架”（Keltner, Kogan, Piff & Saturn, 2014）。与上述模型不同，逻辑适当性模型（Weber, Kopelman & Messick, 2004）和群体卷入模型（Tyler & Blader, 2003）是从社会动机的角度分析，人们合作行动的主要动机是将合作与特定身份联系在一起。

如图 2.1 所示，范兰格等（Parks, Joireman & Van Lange, 2013）的整合模型明确指出特质性共情会影响安全依恋系统。这意味着特质性共情决定合作的倾向，并且可以影响合作决策。特质性共情通过激励系统改变实际行为，这个改变的过程可以通过帕克斯等（Parks et al., 2013）在社会困境中决策的整合模型来识别。然而，该项目的研究（研究 1、研究 2 和研究 3）未能支持特质性共情与实际合作行为正相关的预测。

为什么是个人的社会价值观而不是共情本身促进了研究 2 中公共物品问题中的合作？在本研究的社会价值观条件下，如家庭、朋友这类关于社会导向价值观的描述使人们的合作率高于在经济价值观条件下的描述影响的合作率。可以推测在社会价值观条件下，通过分享社会情境中的个人信息，人们会产生一种认同感。由于这是人们愿意认同的价值，他们进而可能会形成对集体的依恋。相反，在经济价值观条件下，被试传播的信息是基于物质上的损失。由于被试会发现所有信息的主题是关于经济商品的损失，这可能是他们不太愿意联想到的。因此在这种情况下，尽管这种类型的信息共享不会导致缺陷行为的增加，如“搭便车”行为，但该类信息的共享也并没有起到很好的激励合作行为的作用。总之这些推测符合有关认同的理论，如适当性模型（Weber et al., 2004）以及群体参与模型（Tyler & Blader, 2003）。

本书的另一个中心目标是探讨地位在共情—合作关系中的作用。群体卷入模型明确指出了地位的重要性。这个模型考虑了两种地位状态，自豪（pride）和尊敬（respect），前者反映群体在更大背景环境中地位的高低，而后者反映的是个体在群体内部中的地位。研究 3 和研究 4 中涉及的地位与模型中的尊敬这种地位状态一致。通过操纵被试所拥有的资源即研究中使用的筹码，创造了个体在群体中的地位。群体卷入模型认为，更高的地位（尊敬）影响个人的身份判断，从而导致个人以更合作的方式行事。此外，尽管不如群体卷入模型那么明显，逻辑适当性模型也考虑了地位的重要性。逻辑适当性模型强调情境，同一性和规则的作用。韦伯等（Weber et al., 2004）认为地位是人类社会结构的一部分，并推论道：表面情境特征的不同（群体内的不同地位）可能导致理解从根本上产生差异，从而使人们做出的选择会有明显不同，而理性选择模型得到的推论是人们有同样的选择。研究 3 中的结果与逻辑适当性模型和群体卷入模型的结论一致，这说明人们显然对地位很敏感，为他们做出影响群体的决策提供了依据。

已经有大量的理论和实证研究讨论了情境性共情会引起利己主义还是利他主义。然而特别是在公共物品问题中，理论仍然在探讨情境性共情所导致的行为后果。行为改变是行为科学研究和社会科学研究的最终目标。研究结果均不支持共情—利他假说和消极状态消除模型，因为在目前的研究中共情不一定导致合作决策。但需要注意的是，这两种假说原本都针对助人行为而不是合作行为本身。本书扩展了这两个假说，以便预测在混合动机情境下合作情境性共情所产生动机，即共情利他假说中的利他，或是消极状态消除模型中的自我主义。结果正如前面明确指出的结论，本书的证据根本不支持这种扩展性的预测。

8.3 研究方法上的考虑

本书中的四项研究都是运用线性的公共物品问题来揭示合作行为。采用线性的公共物品问题的一个关键原因是与其他典型博弈如囚徒困境、最后通牒相比，此类社会困境博弈中共情与合作关系的研究较少。在探讨了四项研究中共情与合作的关系之后，以下内容讨论导致共情合作关系零效应的可能的研究方法问题，具体重点是：(1) 采用互动式欺骗的方法；(2) 金钱激励的参与；(3) 效应值/样本规模的问题。

8.3.1 互动式欺骗

为了更好地观察控制条件下的群内合作行为，在研究 1、研究 2 和研究 3 中引入互动式欺骗以创建群体互动。研究 1 和研究 3 中的结果显示，互动式欺骗对合作决策没有任何显著影响，而在涉及个人价值观的研究 2 中，互动式欺骗对公共物品问题中的合作行为有显著影响。但是在没有互动式欺骗的研究 4 中，并没有证据表明共情与合作之间的关系。综合这些调查结果，我们提出一个问题：互动式欺骗的存在在多大程度上显著地导致共情合作关系的零效应？然而值得注意的是，与研究 4 相比，研究 1、研究 2、研究 3 中缺乏共情—合作关系可能有不同的原因。

研究 1、研究 2 和研究 3 中使用的公共物品问题涉及 3 名虚拟玩家和 1 名唯一的真实被试。虚构玩家的使用可以谨慎操纵共情的范围以明确对公共物品问题中被试行为的影响。3 名虚拟玩家的反馈是根据已发表研究中的真实玩家数据预编程的。这类实验设计涉及两个关键因素，这两个因素与参与博弈的人数无关：a）是否可以使用计算机程序提供公共物品问题中其他被试的反馈行为；b）是否可以欺骗玩家，让他们相信他们正与在线玩家互动。关于第一个问题，"一报还一报"策略的研究通常使用计算机锦标赛证明其可行性（Axelrod & Hamilton, 1981）。对于"一报还一报""随机""乔斯"等策略，这些多人博弈决策行为的反馈类型也是通过计算机锦标赛得出的（Axelrod, 1984），这似乎也进一步表明学界中有些研究者认为这不是一个大问题。第二个问题涉及欺骗，而且该欺骗导致被试相信他们正在与他人互动，因此这被定义为"互动式欺骗"。"互动式欺骗"被普遍使用，因为它为建立有关社会困境博弈中的社会性实验提供了实用的解决方案。但是，实验的通常做法是让几个互不知道姓名的被试同时在同一个房间里进行社会困境博弈，这会带给他们虚假的感觉，仿佛他们正在与房间里的其他匿名被试进行互动，而实际上他们正在与"固定的"虚拟玩家互动（Rand, Greene & Nowak, 2012, Study7）。其他研究也采用了一种预编程或预设计策略，与本研究中使用的策略类似（Batson & Ahmad, 2001; Batson & Moran, 1999; Rumble et al., 2010）。因此本次实验设计与之前研究者发表的实验并无差别，它可以研究群体行为，并且已被用于测量共情和合作。

是否使用互动式欺骗的争论实际上是从经济学家角度与行为经济学家角度对比得出的。实验所提供的指导语让被试相信他们当时正在与 3 名真实玩家进行互动。范兰格等人（Van Lange, Joireman, Parks & Van Dijk, 2013）评论道，大多数社会困境研究者倾向于在他们的实验研究中实施这种欺骗。欺骗的使用与否是有争议的。经济学家不太相信使用欺骗的实验产生的结果，因为他们认为任何形式的欺骗都会破坏实验的生态效度（McClelland, 1985）。心理学家赫兹等（Hertwig and Ortmann, 2001）强烈反对使用欺骗，而其他人对使用欺骗的标准相对宽松（Christensen, 1988）。有人认为对于许多社会心理学实验而言，欺骗似乎是不可避免的，尤其是针对在经济博弈中的情境性共情，检验其对亲社会行为的影响（Batson, 2011）。一些实证研究不评估被试是否相信欺骗（Rumble et al., 2010; Yamagishi, Mifune, Liu & Pauling, 2008），而其他研究则评估被试对欺骗的看法，并剔除产生过怀疑的被试的数据（Batson & Ahmad, 2001; Batson & Moran, 1999）。

欺骗的使用已经变得越来越广泛，并成为社会心理学实验的一个普遍特征。实验中运用欺骗是为了不让被试注意到其人格或态度方面正在被研究，因此当使用欺骗时可以使被试主观期望的影响最小化，真实地考察被试的反应（Kelman, 1967）。赫兹等明确指出使用欺骗的两个好处是：a）可以避免由于被试了解实验目的而对行为产生影响；b）没有欺骗可能使情境变得不自然。心理学中普遍认为将欺骗作为一种研究方法似乎是必要的。此外一些研究表明，参与者更多地享受这种体验，获得更多的知识性受益，因而他们不介意被欺骗（Christensen, 1988）。

随着在社会心理学实验中欺骗的使用日益普及，其负面后果也引起一些学者的特别关注。行为经济学家反复批评欺骗的使用在道德上是不可接受的，应该受到谴责，因为它涉及欺诈和撒谎。更重要的一点是，人们更关心的是欺骗作为社会心理学方法的妥善性，也就是说，欺骗的使用在多大程度上会影响正在研究的目标行为。在现有研究数据的基础上，充分讨论了这一问题。鉴于本书中出现了混合的结果，以及随后复杂地解释互动式欺骗对合作的影响，建议在未来的研究中使用真实的玩家。

8.3.2 金钱激励的引入

由于使用了经济博弈，该项目旨在遵守这些经济类博弈的一些基本原则，特别是使用于博弈中与决策相关的激励。换句话说，在社会困境博弈中做出的决定应该与现实生活一样产生真实的影响。为了提高四项研究的生态效度，所有研究都使用与实验中的决策直接相关的金钱激励。这似乎与其他使用社会困境范式的许多心理学研究不同，它们用课程学分或固定金额的金钱作为博弈的动机（Batson & Ahmad, 2001; Batson & Moran, 1999），这种博弈中所作决定不会转化为现实的结果。鉴于金钱是推动人类行为的最显著的激励因素之一（Camera, Casari & Bigoni, 2013），它很可能会削弱先前研究中报告的共情—合作关系（Batson & Ahmad, 2001; Batson & Moran, 1999）。

金钱激励是否重要？赫兹等对此的讨论比较完整，他们得出如下结论：在心理和经济领域，金钱激励在某些场合（例如博弈和市场）比在其他场合（例如判断和决策）更重要。然而最后他们仍然建议研究行为决策的心理学家应尽可能考虑使用金钱激励，但同时他们也认识到这可能会干扰被试的内在动机。因此，那些金钱激励模仿现实决策而产生的后果，可能让被试对他们的实际财务收益更敏感，这会对他们在社会困境博弈中更加亲社会的行为及其内在动机产生干扰。然而目前尚不清楚如何产生类似的社会情境冲突 —— 个人利益和社会利益的冲突，而这种冲突不受金钱的影响。到目前为止的文献似乎可分为两种研究，一种研究给予固定被试费或课程学分；另一种研究，特别是行为经济学研究则采用金钱激励，既确保了动机又使决策有现实后果。研究 3 和研究 4 是表明金钱激励措施重要性的两个例子，其被试地位由相对资源量决定。这是与现实生活情境的合理类比，现实中资源的相对数量确实可以影响人们彼此行为的方式。

8.3.3　样本大小、效应值和统计效力

从历史上看，心理学研究人员在很大程度上依赖于对虚无假设的统计显著性检验，并将其作为许多心理学分析方法的起点（Association, 2010）。许多人对此做出反馈，建议补充效应值的报告（Fritz, Morrirs & Richler, 2012; K. Kelley Preacher, 2012; Lakens, 2013; Peng, Chen, Chiang & Chiang, 2013）。这在该项目中尤为重要，因为四项研究的统计分析可归结于对虚无假设的显著性检验。因此，估计效应值的报告使研究者可以从确定的统计显著性中获得对效果大小的定量描述，这种描述是普遍可解释的。效应值的报告可以确定一种效应的实际或理论上的重要性，以及不同因素或同一因素在不同情况下的相对贡献，或者一种统计方法的检验力（Fritz et al., 2012）。

为了推断每种条件下所需的样本量，有两种方法使效应值达到所需统计效力（$1-\beta \geqslant 0.80$）：（1）根据之前研究者发表的实证研究；（2）基于推断一般化的效应值（Cumming, 2014）。在三个最密切相关的实证研究中（Batson & Ahmad, 2001; Batson & Moran, 1999; Rumble et al., 2010），他们报告的统计数据不足以计算共情—合作关系的效应值，尽管这些研究都报告了共情与合作呈正相关关系。在这种情况下，根据科恩（J. Cohen, 1988）的建议，采用第二种方式，假定效应值为社会科学现象中的中等大小（$f = 0.25$）。本书用 G*power 工具进行相关的统计计算，如效应值，所需样本大小和统计效力。

本书涉及两种统计效力，即先验检验力和事后检验力（Faul, Erdfelder, Lang & Buchner, 2007）。在先验统计效力分析中（J. Cohen, 1988），样本大小为 N 是根据所需统计效力（$1-\beta$）、预先指定的显著性水平 α 和被定为（$1-\beta$）的效应值计算得出的。先验统计效力分析提供了在进行实际研究之前控制统计效力的有效方法，并且只要诸如数据收集所需的时间和金钱之类的资源不是起决定作用的，就建议可以使用这种方法。然而，在已经进行了研究之后进行后验统计效力分析通常很有意义，它可以评估已公布的统计效力是否确实有可能拒绝不正确的零假设。在研究 1 和研究 3 中，笔者进行了先验统计效力分析以推断出所需的样本大小（N）。在研究 2 中，如“公共物品问题”：所有回合所示，都进行了后验统计效力分析。这些统计术语有助于更好地理解在本书的研究中可以检测到潜在的共情—合作关系的基础。本书中进行的统计效力分析结果显示，实际样本量接近或超过先前统计效力分析推荐的所需样本量，并且超过了该领域先前已发表研究的样本量或与之相同。

8.4 启示和未来研究的想法

本项目包括探讨共情—合作关系的四项研究。这四项研究对之前研究者的研究提出了一些挑战，因为之前研究者的研究结果支持共情与合作之间有可靠关系的假设。因此上述讨论突出强调了导致缺乏可靠证据证明其关系的若干可能因素；此外这些因素也引出了未来探索共情—合作关系的可能方法。首先，应注意更多地使用人格—情境—行为方法，而不是人格—行为方法来解释个体差异对行为的影响。许多研究人员声称特质之间存在关系，如特质性共情和合作行为，建立这种关系的效度很重要。其次，考虑到本书仅研究陌生人之间的重复互动，在双人互动中不同的关系环境可以更好地揭示共情—合作关系。这是因为如果存在既定的人际关系，诱导共情产生的关心对行为的影响会有更稳定的基础，因为此时被试对他人的关心可能更真实。最后，由于现实世界发生经济危机以及人们对经济不稳定的日常经历，人与人之间的经济不平等问题十分突出。如果高低地位之间的差距继续扩大，那么研究经济不平等如何调节人们对地位的感知，进而影响不同地位的人相互合作与否将成为重要的研究方向，研究社会地位对合作行为影响将更有意义（Piketty & Saez, 2014）。此外，如果不同地位的人之间相互合作的方式存在差异，那么找到促进合作的方法，特别是促进高地位的人的合作的方式就显得尤为重要。目前这个项目只揭示共情对已经有合作倾向的人群 —— 地位低的群体有微弱的影响。那么现在的问题是，如何使地位高的人与地位低的人有更多合作呢？到目前为止的实证研究并不能很好解答这个问题。

从研究方法的角度上看，目前该项目采取的几种方法在社会心理学研究中并未普遍用于研究共情与合作之间的关系，而且需要通过良好、关键的实践来改进证据的基础。首先，每项研究应报告效应值。这能让后续研究准确计算每个实验条件所需的样本大小。其次，相比于事后统计效力，计算先验统计效力可以避免担心研究结果的信度问题。再其次，如现实世界一般，特别在有决策成本的情境下实验应引入金钱激励，例如在有地位差异的社会交往 —— 现实中上级管理下级的情境中。最后，实验设计应该避免以任何形式使用欺骗，如果在这整个项目过程中都采用不欺骗的方法，则可以避免出现很多问题。

8.5 结　　论

公共物品问题是个人理性导致集体非理性的多人社会困境的情境。也就是说，集体中个人获取利益的行为导致集体中他人利益的损失。因此，公共物品问题中最具挑战性的是“搭便车”问题，即将自己的利益置于其他人的利益之上，自己的贡献几乎为零，并从其他人的贡献中获益的行为。该项目旨在找到公共物品问题的可能解决方案，主要基于这样的观点：共情这种有关社会交往的关键情绪可以促进合作行为，从而减少“搭便车”现象。此外该项目的另一个基础假设是，当面对社会交往时，人们的动机会被赋予社会积极性，即人们并不会完全在所有社会交换中都“搭便车”。在这两个假设基础之上，整个项目操纵被试对群体中其他人产生共情性关心，进而增加合作行为，从而试图解决公共物品问题。然而，本书的一系列研究却发现用共情解决个人—集体利益冲突的效果有限。相反，公共产品问题中其他因素影响个人对集体的贡献会更为突出，特别是群体的共同价值（社会共同价值相对于经济价值更提升合作），以及相对地位，尤其是实现地位的基础（由于运气实现或通过努力实现）。笔者推测有两个核心问题可能导致了共情—合作关系微弱。第一个是欺骗的引入，即被试认为他们与正在博弈的其他玩家互动，但实际上他们并没有与真实的人互动。欺骗可能会干扰被试的博弈方式。第二个是引入真正的金钱激励措施，金钱激励的影响可能已经超越了共情对利他主义的影响。未来工作中最重要的目标是建立理论，特别是针对在混合动机的社会困境下地位对共情—合作关系的调节作用。最后，根据对之前研究者研究的回顾，目前仍然存在的实质性问题在于理论研究和实证研究中关键术语（例如，共情、合作）使用的一致性，这将引导未来该领域的研究。

本书系统地从合作行为的概念和方法论着手，结合相关的理论，同时开展了一系列的实验研究去综合探讨共情与合作行为的关系。从理论层面上来进行剖析，共情利他假说预测共情的诱导或特质性共情能力是会正性地预测合作行为。然而，基于第 3 章中的元分析的结果得出，共情与合作行为的相关关系的正性结果依赖于特质性共情的测量方式。而操纵共情，是否能检测出其与合作行为的因果关系，取决于共情的操纵方式。同时，结合实验室开展的一系列研究结果发现，这些实证研究采用一致的共情诱导方式，共情对于提高公共物品问题中的合作行为的收效甚微。基于这些理论、元分析和实证性研究，我们需要针对共情与合作之间的关系进一步进行思索。这些问题分别是以下几个。

问题 1：共情究竟对合作行为存在着怎么样的作用？正性？负性？无作用？这个问题，在我们的元分析和我们的实证研究中并没有得到一个显著的正性关系。而这一点与之前研究者一些实证研究不一致。这种不一致的结果，可能是由于下列问题 2 的因素（共情的对象性）所导致的；另一个可能的解释是也许由于之前研究者研究的数据结果都在 20 世纪 90 年代（Batson & Moran, 1999），而随着计算机的普及，个体接受他人需求的信息量剧增，导致目前的个体的共情能力受到抵制，从而不足以表现在合作行为中。

问题 2：共情对于合作行为的作用是否具有对象性？ 由于这种对象性的作用，所以共情的对象都只能针对一个个体或者一个特定的群体？“一个人的死亡是个悲剧，一千个人的死亡则是个数字”。正如其所说，人的同情心会进行自我调节和约束（Goetz, Keltner & Simon-Thomas, 2010）。

问题 3：共情对合作行为的作用是否具有限定性？何谓限定性？就是由于某种特定资源的缺失，而产生的共情体验，将只会采用相应的方式的合作行为。具体而言，比如，由于得知到他人金钱资源上的稀缺，从而会在互动过程中，在他人所稀缺的金钱资源上表现出更多的付出。比如得知他人在时间上很稀缺，那么你会更多地愿意配合他人的时间。而这些都属于共情能够促进你表现出更合作行为。但是因为他人由于失恋或者家人突然过世，从而引起了你的共情，但你是否会和他在共同去吃饭的时候买单呢？如果共情对于合作行为的促进作用只表现为前者，而并不能表现在后者中的泛化作用，那么我们就认为共情对于合作行为的作用具有限定性。

我们资源可以分为有关系资源、金钱资源、时间资源、空间资源以及信息资源。当他人告诉你他在某一方面的资源稀缺的时候，你是否会表现出合作行为呢？共情是否是在当存在着资源不均等的情况下，拥有资源多的个体对于资源少的个体产生的一种理解、同情以及针对资源少的个体的一种情绪状态，是否是“我的资源多，你的资源少，当你强化你的这方面资源的时候，会诱发我和你进行资源分享”的这种举动。是否这种共情只针对这种特定的资源？

问题 4：共情对合作行为的作用的持久性？共情对合作行为的促进作用是否只表现为一种一次性的合作行为？还是也可以作用于一个长期有效的促进方案？如果要保持长久的合作关系，共情在其中起着怎样的作用？

这四个问题，本书在一定程度上进行了解答，但并没有完全得出充足的答案。在共情与合作的研究中，应该继续针对这些问题中可能的答案，提供更全面的回答。也希望更多的学者来进一步加入这一课题的深入探讨和研究中。

本章参考文献

Association, A. P. (2010). Publication manual of the american psychological association (6th ed.). Washington, DC: American Psychological Association.

Axelrod, R. (1984). The evolution of cooperation. New York: Basic Books.

Axelrod, R., Hamilton, W. D. (1981). The evolution of cooperation. Science, 211(4489), 1390-1396. doi: 10.1126/science.7466396

Balliet, D., Parks, C. D., Joireman, J. (2009). Social value orientation and cooperation in social dilemmas: A meta-analysis. Group Processes Intergroup Relations, 12(4), 533-547. doi: 10.1177/1368430209105040

Batson, C. D. (2011). Empathy-induced altruism: Friend or foe of the common good? Retrieved from <Go to ISI>://WOS:000293012100003 (Times Cited: 0)

Batson, C. D., Ahmad, N. (2001). Empathy-induced altruism in a prisoner's dilemma ii: What if the target of empathy has defected? European Journal of Social Psychology, 31(1), 25-36. Retrieved from http://onlinelibrary.wiley.com/doi/10.1002/ejsp.26/abstract doi: 10.1002/ejsp.26

Batson, C. D., Batson, J. G., Todd, R., Brummett, B., Shaw, L., Aldeguer, C. (1995). Empathy and the collective good: Caring for one of the others in a social dilemma. Journal of Personality and Social Psychology, 68(4), 619-631. doi: 10.1037/0022-3514.68.4.619

Batson, C. D., Moran, T. (1999). Empathy-induced altruism in a prisoner's dilemma. European Journal of Social Psychology, 29(7), 909-924. doi: 10.1002/(SICI)1099-0992(199911)29:7<909::AID-EJSP965>3.0.CO;2-L

Bogaert, S., Boone, C., Declerck, C. (2008). Social value orientation and cooperation in social dilemmas: A review and conceptual model. British Journal of Social Psychology, 47(3), 453-480. doi: 10.1348/014466607X244970

Camera, G., Casari, M., Bigoni, M. (2013). Money and trust among strangers. Proceedings of the National Academy of Sciences of the United States of America, 110(37), 14889-14893. doi: 10.1073/pnas.1301888110

Cameron, C. D., Payne, B. K. (2011). Escaping affect: How motivated emotion regulation creates insensitivity to mass suffering. Journal of Personality and Social Psychology, 100(1), 1-15.

Carlston, D., Graziano, W. G. (2010). Individuals, behavior, and what lies between the two. In C. Agnew, D. Carlston, W. Graziano, J. Kelly (Eds.), Then a miracle occurs: Focusing on behavior in social psychological theory and research (p. 57-67). Oxford: Oxford University Press.

Christensen, L. (1988). Deception in psychological research when is its use justified? Personality and Social Psychology Bulletin, 14(4), 664-675. doi: 10.1177/0146167288144002

Cohen, J. (1988). Statistical power analysis for the behavioral sciences (2nd ed.). USA: Lawrence Erlbaum Associates.

Cohen, T. R., Wildschut, T., Insko, C. A. (2010). How communication increases interpersonal cooperation in mixed-motive situations. Journal of Experimental Social Psychology, 46(1), 39-50. doi: 10.1016/j.jesp.2009.09.009

Colombi, C., Liebal, K., Tomasello, M., Young, G., Warneken, F., Rogers, S. J. (2009). Examining correlates of cooperation in autism: Imitation, joint attention, and understanding intentions. Autism, 13(2), 143-63. doi: 10.1177/1362361308098514

Cumming, G. (2014). The new statistics: Why and how. Psychological Science, 25(1), 7-29. doi: 10.1177/0956797613504966

Curry, O., Chesters, M. J., Viding, E. (2011). The psychopath's dilemma: The effects of psychopathic personality traits in one-shot games. Personality and Individual Differences, 50(6), 804-809. doi: 10.1016/j.paid.2010.12.036

Davis, M. H. (1994). Empathy: A social psychological approach. US: Westview Press.

Eisenberg, N. (2002). Distinctions among various modes of empathy-related reactions: A matter of importance in humans. Behavioral and Brain Sciences, 25(1), 33-34.

Elster, J. (1986). Rational choice. New York: New York University Press.

Faul, F., Erdfelder, E., Lang, A.-G., Buchner, A. (2007). G* power 3: A flexible statistical power analysis program for the social, behavioral, and biomedical sciences. Behavior Research Methods, 39(2), 175-191. doi: 10.3758/BF03193146

Fritz, C. O., Morrirs, P. E., Richler, J. J. (2012). Effect size estimates current use, calcuations, and interpretation. Journal of Experimental Psychology: General.

Goetz, J. L., Keltner, D., Simon-Thomas, E. (2010). Compassion: an evolutionary analysis and empirical review. Psychological Bulletin, 136(3), 351-74. doi: 10.1037/a0018807

Hertwig, R., Ortmann, A. (2001). Experimental practices in economics: A methodological challenge for psychologists? Behavioral and Brain Sciences, 24(3), 383-403.

Kelley, H. H., Thibaut, J. W. (1978). Interpersonal relations: A theory of interdependence. New York: Wiley.

Kelley, K., Preacher, K. J. (2012). On effect size. Psychological Methods, 17(2), 137-52. doi: 10.1037/a0028086

Kelman, H. C. (1967). Human use of human subjects: The problem of deception in social psychological experiments. Psychological Bulltin, 67(1), 1-11. doi: 10.1037/h0024072

Keltner, D., Kogan, A., Piff, P. K., Saturn, S. R. (2014). The sociocultural appraisals, values, and emotions (save) framework of prosociality: Core processes from gene to meme. Annual Review of Psychology, 65, 425-460. doi: 10.1146/annurev-psych-010213-115054

Krueger, R. F., Tackett, J. L. (2006). Personality and psychopathology. New York: Guilford Press.

Lakens, D. (2013). Calculating and reporting effect sizes to facilitate cumulative science: A practical primer for t-tests and anovas. Frontiers in psychology, 4, 1-12. doi: 10.3389/fpsyg.2013.00863

Ledyard, J. O. (1994). Public goods: A survey of experimental research. Public Economics. Retrieved from https://ideas.repec.org/p/cla/levarc/509.html

McClelland, D. C. (1985). How motives, skills, and values determine what people do. American Psychologist, 40(7), 812-825. doi: 10.1037/0003-066x.40.7.812

Murphy, R. O., Ackermann, K. A. (2014). Social value orientation: Theoretical and measurement issues in the study of social preferences. Personality and Social Psycholoy Review, 18(1), 13-41. doi: 10.1177/1088868313501745

Olson, M. (1965). The logic of collective action. Cambridge, USA: Harvard University Press.

Parks, C. D., Joireman, J., Van Lange, P. A. M. (2013). Cooperation, trust, and antagonism: How public goods are promoted. Psychological Science in the Public Interest, 14(3), 119-165. doi: 10.1177/1529100612474436

Peng, C.-Y. J., Chen, L.-T., Chiang, H.-M., Chiang, Y.-C. (2013). The impact of apa and aera guidelines on effect size reporting. Educational Psychology Review, 25(2), 157-209. doi: 10.1007/s10648-013-9218-2

Peterson, C., Seligman, M. E. (2004). Character strengths and virtues: A handbook and classification. Washington DC: Oxford University Press.

Piketty, T., Saez, E. (2014). Inequality in the long run. Science, 344, 838-843. doi: 10.1126/science.1251936

Rand, D. G., Greene, J., Nowak, M. (2012). Spontaneous giving and calculated greed. Nature, 489(7416), 427-430. doi: 10.1038/nature11467

Rumble, A. C., Van Lange, P. A. M., Parks, C. D. (2010). The benefits of empathy: When empathy may sustain cooperation in social dilemmas. European Journal of Social Psychology, 40(5), 856-866. doi: 10.1002/ejsp.659

Sally, D., Hill, E. (2006). The development of interpersonal strategy: Autism, theory-of-mind, cooperation and fairness. Journal of Economic Psychology, 27(1), 73-97. doi: 10.1016/j.joep.2005.06.015

Schroeder, D. A., Graziano, W. G. (2015). The oxford handbook of prosocial behavior. USA: Oxford University Press.

Tyler, T. R., Blader, S. L. (2003). The group engagement model: Procedural justice, social identity, and cooperative behavior. Personality and Social Psychology Review, 7(4), 349-361. doi: 10.1207/s15327957pspr070407

Van Lange, P. A. M., Balliet, D., Parks, C. D., Van Vugt, M. (2013). Social dilemmas: Understanding human cooperation. New York: Oxford University Press.

Van Lange, P. A. M., Joireman, J., Parks, C. D., Van Dijk, E. (2013). The psychology of social dilemmas: A review. Organizational Behavior and Human Decision Processes, 120(2), 125-141. doi: 10.1016/j.obhdp.2012.11.003

Weber, J. M., Kopelman, S., Messick, D. M. (2004). A conceptual review of decision making in social dilemmas: Applying a logic of appropriateness. Personality and Social Psychology Review, 8(3), 281-307. doi: 10.1207/s15327957pspr08034

Yamagishi, T., Mifune, N., Liu, J. H., Pauling, J. (2008). Exchanges of groupbased favours: Ingroup bias in the prisoner's dilemma game with minimal groups in Japan and New Zealand. Asian Journal of Social Psychology, 11(3), 196-207. doi: 10.1111/j.1467-839X.2008.00258.x

关键字索引

B

表现, 59
不平等厌恶模型（inequity aversion）, 10

C

程序公正（procedural fairness）, 14

D

搭便车, 6

F

分层公共物品（step-level public goods game）, 5
分享（sharing）, 40

G

个人悲伤（personal distress）, 55, 78
个人价值（personal value）, 70
公共物品问题（public goods game）, 3, 41
公平（fairness）, 16, 17
共情（empathy）, 38
共情关注（empathic concern）, 55, 77
共情利他假说（empathy-altruism hypothesis）, 18, 114
共同资源困境（common resource dilemma）, 3
沟通（communication）, 51
观点采择（perspective taking）, 55, 77
广义的一报还一报（Generalized tit-for-tat strategy）, 6, 59

H

合作的定义（definition of cooperation）, 39
合作行为（cooperation）, 3
后验检验力（posterior statistical power）, 123
互动式欺骗（interactive deception）, 72, 115, 120
换位思考（perspective taking）, 42

J

机会公平（equality of opportunity）, 85
价值观（value）, 71
间接互惠（indirect reciprocity）, 10
金钱激励（financial incentive）, 113, 119
经济价值（economic value）, 72

L

理性决策理论（rational choice theory）, 10
利己主义（egoism）, 16
利他主义（altruism）, 16, 18

N

努力—地位（effort-status）, 92

Q

期望效用理论（expected utility the-ory）, 10
亲社会（prosocial）, 70
亲缘选择, 10
亲自我（proself）, 70
情境性共情（situational empathy）, 113
囚徒困境（prisoner’s dilemma）, 3
群体参与模型（group engagement theory）, 13

R

人际反应指数（interpersonali reactivity

index）, 54

S

社会价值（social value）, 72
社会价值取向（social value orientation）, 53
社会困境（social dilemma）, 3
社会评价、价值和情感理论（the Sociocultrual Appraisals, Values, and Emotions Framework of Prosociality）, 13
适当性框架（the logic of appropriateness framework）, 15
双人公共物品（dyadic public goods game）, 110

T

特质性共情（dispositional empathy）, 115
特质性信任（dispositional trust）, 53
统计效力（statistical power）, 115

W

温情效应（glow warmth）, 18

X

系统性综述（systematic review）, 25
先验检验效力（prior statistical power）, 123
线性公共物品（linear public goods game）, 5
相互依赖理论（the interdependence theory）, 11
想象力（fantasy）, 55, 78
消极状态消除模型（negative-state relief model）, 18, 116
效应值（effect size）, 115
信任（trust）, 52

Y

“一报还一报”策略（tit-for-tat）, 6
样本大小（sample size）, 115
移情（sympathy）, 38, 42
元分析（meta-analysis）, 25
运气—地位（chance-status）, 86

Z

噪音（noise）, 51
直接互惠（direct reciprocity）, 10
制裁制度（sanction system）, 51
助人行为（helping behavior）, 40
自恋人格量表（narcissistic personality inventory）, 55
Cloninger 的气质性格量表, 42
Parks 综合模型, 12

人名索引

A

Adam Smith, 2

C

C. Daniel Batson, 37
C. Robert Cloninger, 4, 29, 42, 43
Craig D. Parks, 19

D

Dacher Keltner, 13
David De Cremer, 52
Dieta Kuchenbrandt , 37

E

Ernst Fehr; Simon Gachter, 57

G

Geradl Marwell, 5

J

J. Mark Weber, 15
Jacob Cohen, 57, 87
John O. Ledyard, 5

M

Mancur Olson, 5
Michela Balconi , 35

N

Nancy Eisenberg, 38

P

Paul A. Samuelson, 5

R

Robyn M. Dawes, 3, 5

S

Stefan Volk, 71
Simon Gachter, 57

T

Taya R. Cohen, 64
Toshio Yamegishi, 53

附　　录

附录 1　人际反应指数量表 [摘自（Davis, 1983）]

人际反应指数量表

对于以下陈述，您需要报告您自己在如下情境中的想法和感受。请选择位于描述上方刻度条上相应的数字来表示每条陈述对您自身情况的符合程度：1，2，3，4 或 5。当您确定了答案后，请在答题纸上每个项目旁边填上相应的数字。在回应之前，请仔细阅读每个项目。请尽可能如实回答。谢谢。

1. 我会做白日梦或幻想，其内容符合一定的规则，也可能发生在我身上。（FS）
2. 我常常对于那些不如我幸运的人有温柔、忧虑的感觉。（EC）
3. 我有时会很难从他人的角度看问题。（PT）（-）
4. 有时候当别人遇到问题时，我不会为他们感到非常难过。（EC）（-）
5. 我能真切地感受到小说中人物的感受。（FS）
6. 在紧急情况下，我焦虑不安。（PD）
7. 当看电影或戏剧时我通常是客观的，并不经常完全融入其中。（FS）（-）
8. 在做出决定之前，我试着去关注每个人在分歧上的立场。（PT）
9. 当我看到有人被利用时，我对他们有保护的欲望。（EC）
10. 当我处于一个非常情绪化的情境中时，我有时会感到无助。（PD）
11. 我有时会从朋友们的角度看待事物，以更好地了解他们。（PT）
12. 很少有一本好书或电影带给我很强的浸入感。（FS）（-）
13. 当我看到有人受伤时，我会面不改色。（PD）（-）
14. 其他人的不幸通常不会给我带来太大烦扰。（EC）（-）
15. 如果我确定在某些事情上我是对的，我不会浪费太多时间倾听他人的观点。（PT）（-）
16. 看完戏剧或电影后，我觉得我好像是其中的一个角色。（FS）
17. 处于紧张的情绪状态让我感到害怕。（PD）
18. 当我看到有人被不公平对待时，我有时对他们并不十分怜悯。（EC）（-）
19. 我通常在处理紧急情况时非常有效率。（PD）（-）
20. 我看到的事情经常让我感动。（EC）
21. 我相信每个问题都有两面性，并试着辩证地看待它们。（PT）
22. 我会将自己形容为一个心地柔和的人。（EC）
23. 当我看一部好电影时，我可以很容易地将自己放在主角的位置。（FS）

24. 在紧急情况下我会失控。(PD)
25. 当某人让我烦恼时，我常常试着设身处地想一想。(PT)
26. 当我正在阅读一个有趣的故事或一本小说时，我会想象，如果故事中发生的事件也发生在我身上，我会感觉如何。(FS)
27. 当我看到有人急需帮助、十分紧急时，我就会十分痛苦。(PD)
28. 在批评某人之前，我会试着想如果我在他们的位置上，我会感觉如何。(PT)

注释：(-) 表示要以反向方式评分的项目（减去他们的评分）

- PT = 观点采择
- FS = 想象力
- EC = 共情关注
- PD = 个人悲伤

附录 2　研究 1 预先设计的简介

关于这三名被试的消极消息：

- （分手）Jennifer Law，我不知道这对其他人来说是否有趣，但我能想到唯一的一件事就是两个星期前我和我的男朋友分手了。从高三以来，我们在学校里如影随形，从大学开始我们就保持着情侣关系。我们在伦敦玛丽女王大学中约会的时候，我感觉一直很好。我觉得他也有同样的感觉，但情况发生了变化。现在他想与其他人约会。这让我失望，他一直在我的脑海中挥之不去，很难应付。
- （车祸）Rebecca Thornton，我的朋友在我们去购物后开车，之后发生了车祸。车的右前方被撞了。另一辆车严重超速，撞上我们。我只记得四处飞溅的玻璃以及金属碰撞的巨响。我们并无生命危险，因为我们系着安全带，但我们都受到撞击，我的肋骨断了。我很害怕，如果我们没有系好安全带，我们就可能已经死了。
- （手机被盗）Michael Sullivan，上个月发生在我身上的一件令人沮丧的事是我的手机被偷了。我和朋友一起去了巴黎。我们过于专注于拍摄令人惊叹的风景照而没有注意周围发生的事情。经过一段长时间的骑行后回到酒店，我注意到我的 iPhone 丢失了。那是我的母亲在 2 个月前送给我的礼物。

关于这三名被试的中性信息：

- Jennifer Law：我喜欢游泳，虽然我游得不好。
- Rebecca Thornton：我每天骑自行车上大学。
- Michael Sullivan：我大部分时间都在跑步。

附录 3 研究 1 的问题汇报

- 在实验期间内，你有没有觉得其他三个玩家在与你真实地进行博弈?
- 在决定捐多少筹码给群体时，你是否采用了特定的策略或规则?
- 你发现这个实验有什么不足之处吗? 指导语清楚吗?
- 在你参加实验之前，你认识其他三个玩家吗?
- 你今天参加这个实验的动机是什么?

附录 4　研究 2 的预先提问

个人信息姓名：　　性别：　　年龄：

1. 描述一个去年发生在你身上，让你开心的事件。
2. 描述一个去年发生在你身上，让你难过的事件。
3. 你喜欢什么类型的运动？
4. 你有什么爱好？
5. 你最喜欢的食物是什么？

附录 5　研究 2 的三对价值观故事

附录 5.1　被选择的频率高的价值观的故事:（家庭，朋友，健康）

- 家庭

  我的爷爷最近做了手术。我尽可能去医院探望他。这件事一直使我烦恼，因为我与爷爷很亲近，手术给我和我的家人带来了压力和负面情绪。但他现在正在康复。

- 朋友

  我几乎每天都和我最要好的朋友聊天。她是除我家人外我最亲近的人。最近我们闹掰了。这种情况不是第一次发生，我知道我可以解决这个问题，但它仍然令我心烦。

- 健康

  上个月我沿着主干道骑自行车。我失去了控制，撞上了一根灯柱。谢天谢地，自行车没有倒下，但我的手臂严重受伤。我不得不去医院，医生把我的胳膊绑上绷带。我花了大约 *3* 个星期才恢复过来。

附录 5.2　被选择的频率低的价值观的故事（宠物，电话，自行车）

- 宠物

  我的宠物狗最近做了手术。我尽可能地去宠物医院看望它。这件事一直使我烦恼，因为我和它很亲近，手术给我和我的家人带来了压力和负面情绪。但它现在正在康复。

- 电话

  我几乎每天都在用手机聊天。除了我的笔记本电脑外，它是我最亲近的工具。最近我摔碎了手机。它从我的包里掉了出来。不是第一次发生这种情况，我知道我可以解决这个问题，但它仍然令我心烦。

- 自行车

  上个月我骑着自行车沿着主干道行驶。我失去了控制，撞上了一根灯柱。自行车没有倒下，但不幸的是它确实坏了。我不得不把它带进维修店，因为它受损严重。修车大约花了 *3* 个星期。

附录 6　研究 2 的问题汇报

汇报的问题:

1. 在实验期间内，你有没有觉得其他三个玩家在你旁边进行博弈?
2. 在决定捐多少筹码给群体时，你是否采用了特定的策略或规则?
3. 你发现这个实验有什么不足之处吗? 指导语清楚吗?
4. 在参加实验之前，你认识其他三个玩家吗?
5. 你今天参加这个实验的动机是什么?
6. 你知道理论上怎么才能获得最大的收益吗?

附录 7 研究 3 中的实验 3b 的划去数字测验

Digit Cancellation Test

Please Cross Out all the number 3 in_two minutes.

3

5	8	3	2	0	2	5	0	6	4	4	6	8	3	5	9	1	3	1	8	9	6	5
8	2	1	3	5	5	0	8	7	7	7	5	0	7	1	9	6	8	3	2	0	7	0
2	6	6	3	4	7	0	0	2	2	8	3	2	2	1	4	8	8	5	9	5	8	8
9	1	3	0	6	5	3	8	8	8	0	9	4	6	1	9	7	3	5	8	0	5	5
4	2	3	5	5	9	5	5	7	9	1	2	3	8	0	3	2	6	1	7	4	0	6
7	0	0	2	2	1	5	1	5	7	4	5	3	2	2	6	3	2	1	6	5	5	6
5	7	8	4	1	4	2	4	9	7	7	7	0	4	2	5	3	9	3	5	8	0	6
3	9	4	9	0	2	9	5	5	4	5	2	7	1	3	8	2	6	8	3	6	7	9
4	7	0	9	0	5	8	0	2	7	7	8	4	1	1	2	3	2	1	8	2	6	1
7	7	9	1	3	0	4	9	8	5	1	5	6	0	9	6	0	1	5	5	9	5	4
9	5	2	5	7	0	9	6	8	5	6	9	5	0	5	6	4	5	1	7	7	2	8
8	2	6	3	3	3	5	4	3	3	6	3	0	6	3	6	4	2	8	9	5	7	4
1	2	6	7	6	0	2	8	3	7	0	9	3	4	2	3	0	0	7	7	8	7	7
1	2	2	5	9	1	8	2	8	1	7	9	9	6	3	3	6	1	5	8	3	3	1
8	9	9	2	6	3	4	8	4	0	9	5	9	8	3	1	0	0	3	4	3	0	6
6	2	6	4	5	0	2	3	0	5	1	1	3	7	9	1	1	6	4	8	6	8	9
0	5	5	8	2	7	9	9	7	5	3	3	6	9	4	2	6	7	8	3	0	7	1
5	2	8	7	7	6	1	2	4	5	1	2	5	7	6	3	5	8	9	2	3	5	4
8	4	5	1	8	1	5	9	2	6	7	2	8	9	0	5	0	2	4	4	1	7	0
3	1	0	1	8	0	9	5	3	9	1	2	9	7	5	9	2	8	5	0	8	7	2
2	3	4	3	5	4	6	5	3	9	9	0	0	2	7	0	3	6	9	8	7	3	6
2	7	8	8	6	4	6	9	7	9	0	8	8	7	6	7	1	0	5	2	6	9	8
2	8	7	6	9	2	4	7	0	6	0	4	5	6	5	9	0	3	7	6	9	5	3
3	9	5	6	4	8	5	3	7	9	8	5	1	7	8	8	4	5	6	7	8	2	0
5	5	0	1	2	5	9	0	8	1	8	3	2	7	9	1	3	6	4	6	5	2	9
2	8	7	0	6	0	3	0	2	3	5	9	7	3	3	9	8	4	2	6	0	8	4
6	7	4	8	2	8	2	8	6	0	7	9	5	5	7	4	5	8	6	2	0	3	9
8	0	6	4	6	4	4	4	2	5	5	9	5	7	2	8	8	1	1	4	5	1	3
1	1	7	4	0	0	2	3	6	7	5	6	9	5	0	8	4	9	1	9	9	9	6
7	2	8	4	9	1	4	5	0	1	1	7	5	9	0	3	0	8	8	2	8	6	0
6	2	0	5	2	9	6	8	9	4	5	3	0	1	3	6	0	3	1	2	9	9	5
4	1	7	2	6	8	5	4	6	0	0	5	1	9	3	8	1	6	6	2	9	1	3
9	2	5	2	3	5	3	6	3	3	0	2	1	7	0	0	3	3	4	7	3	1	3
0	2	0	8	7	0	8	0	0	7	3	7	1	2	1	0	7	0	6	3	3	1	9
5	9	2	9	0	3	3	3	8	5	6	7	6	6	4	3	1	5	7	6	7	5	7
2	3	1	6	0	4	4	1	6	7	8	0	6	4	7	1	2	8	3	1	2	0	3
0	2	5	3	9	0	5	2	8	6	6	2	3	1	6	0	6	7	0	0	9	5	6
5	4	5	5	0	5	0	3	5	8	6	2	1	5	7	7	2	9	8	3	9	6	4
8	3	0	6	3	3	2	2	0	0	6	6	3	9	4	3	3	3	3	2	3	4	5
5	7	9	8	5	4	1	2	9	1	7	7	7	4	9	8	1	3	6	9	3	0	9

附图 1 划去数字测验

附录 8　研究 4 的任务前数学计算测验

Project FC001

被试编号：＿＿＿＿＿＿

数学计算测验

假设你是玩家 1，你和玩家 2 每个人被给予 20 个筹码。你们两个人都需要往公共基金中贡献自己筹码的一部分、全部或者不贡献自己的筹码（可在 0 到 20 间作决定）。公共基金收集到的筹码会有额外 40%的收益，然后公共基金中的筹码将平均分给你们。

因此，你在一轮游戏的筹码数会如下图计算：

$$你获得的筹码 = （20 - 贡献的筹码数 + \frac{(你贡献的筹码数 + 玩家\ 2\ 贡献的筹码数) \times 1.4}{2}$$

请在方格里填写相应的数额：

1）如果你贡献的筹码 = 20 ：玩家 2 贡献的筹码 = 20

你获得的筹码 = ☐

2）如果你贡献的筹码 = 0；玩家 2 贡献的筹码 = 0

你获得的筹码 = ☐

3）如果你贡献的筹码 = 20；玩家 2 贡献的筹码 = 0

你获得的筹码 = ☐

4）如果你贡献的筹码 = 0；玩家 2 贡献的筹码 = 20

你获得的筹码 = ☐

附图 2　数学计算测验

附录 9　研究 4 中高共情条件下（无共情条件下）后面的问题

姓名：　　性别：　　年龄：

被试编号：

题目：描述一个去年发生在你身上，让你难过的事件。（题目：描述一种你喜欢的运动。）

被试编号：

您在多大程度上对笔记中所写的伙伴的故事感到同情或惋惜？（从 1 = 完全没有，到 9 = 程度非常大）

附录 10　研究 4 的总结问题

- 在决定捐多少筹码给群体时，您是否采用了特定的策略或规则？指导语清楚吗？
- 你是否知道如何让自己获得理想的最大收益吗？
- 你知道如何让你的伙伴获得最大的收益吗？
- 你知道如何为你们双方获得最大的收益吗？
- 你如何看待你伙伴的笔记？它是真的吗？

附录 11　研究招募的海报

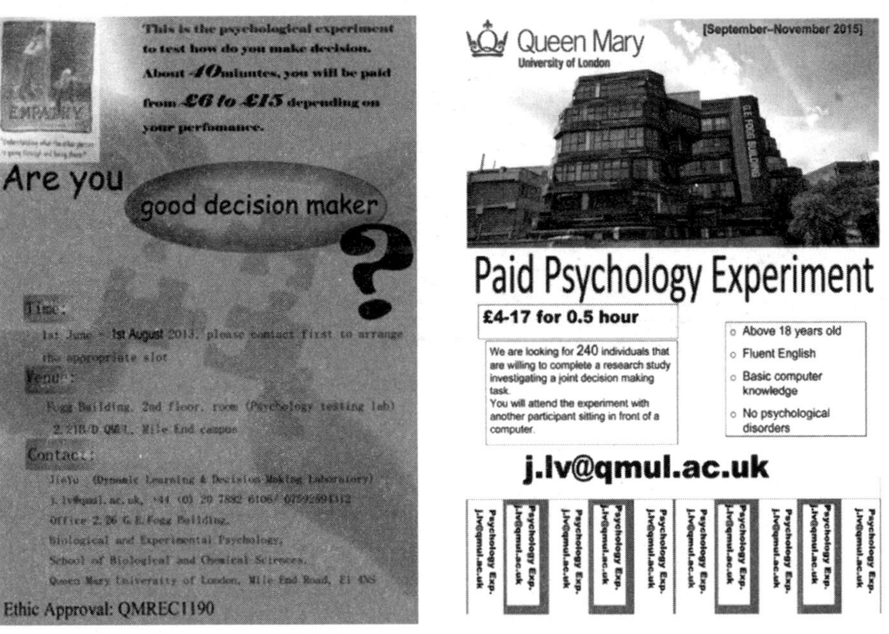

附图 3　研究招募海报

附录 12　研究被试的知情同意书

Informed Consent Form for Participants in Research Studies

Title of Project: The impact of empathy on cooperation (Value)

This study has been subjected to ethical Review Assessment by the QMUL Department of Experimental Psychology QMREC1190.

Participant's Statement

I ......Siddharth Sighta......,

agree that I have

- **read the information sheet and/or the project has been explained to me orally;**
- **had the opportunity to ask questions and discuss the study;**
- **received satisfactory answers to all my questions or have been advised of an individual to contact for answers to pertinent questions about the research and my rights as a participant and whom to contact in the event of a research-related injury.**

I understand that I am free to withdraw from the study without penalty if I so wish and I consent to the processing of my personal information for the purposes of this study only and that it will not be used for any other purpose. I understand that such information will be treated as strictly confidential and handled in accordance with the provisions of the Data Protection Act 1998.

Signed: SSgt

Date: 30/6/2014.

Investigator's Statement

I ......Jiayu LV......,

confirm that I have carefully explained the purpose of the study to the participant and outlined any reasonably foreseeable risks or benefits.

Signed: Jiayu LV

Date: 30th June 2014.

附图 4　研究被试的知情同意书

后　记

本书的完成需要感谢英国伦敦玛丽女王大学的“动态学习和决策实验室”为本书中的实证研究的完成，感谢导师奥斯曼（Magda Osman）教授，普罗克斯（Michael J. Proulx）教授，感谢同事帕斯夸拉托（Achille Pasqualtto）博士、布朗（Dave Brown）博士、格拉斯（Brian Glass）博士、萨尔科（Vera Sarkol）博士、莱特斯卡（Agata Ryterska）博士、赤赤里克（Jayden van Horick）博士、布里法（Elodi Briefer）博士、皮彻（Ben Pitcher）博士、巴恰唐南（Luigi Baciadonna）博士、尼蒂亚南德（Vivek Nityananda）博士、佩里（Clint Perry）博士、彭飞博士、林依玲博士等。本书的完成同时也非常感谢中央财经大学，感谢社会心理学院为完成这部著作提供了一个良好的工作平台，同时也非常感谢参与修改的心理学系的楼紫茜、阚煜、王欢、张祺煜、郭慧敏、范书仪、蒋明慧和柯金宏同学的耐心和细心的协助工作。对于本书可能存在的各种不足，敬请读者多予指正。

吕杰妤
2020 年 2 月 3 日
国家图书馆
中国北京